湖南第一师范学院音乐与舞蹈学"双一流"学科建设经费资助

2021年湖南省哲学社会科学基金项目《湖南古琴音乐文化历史研究》（编号：21YBA234）阶段性成果

北宋琴人传

章瑜 著

吉林大学出版社

·长春·

图书在版编目（CIP）数据

北宋琴人传 / 章瑜著.— 长春：吉林大学出版社，2021.10
ISBN 978-7-5692-9106-3

Ⅰ.①北… Ⅱ.①章… Ⅲ.①古琴—演奏家—列传—中国—北宋 Ⅳ.① K825.76

中国版本图书馆CIP数据核字（2021）第208449号

书　　名：北宋琴人传
　　　　　BEISONG QINREN ZHUAN

作　　者：章　瑜著
策划编辑：邵宇彤
责任编辑：田　娜
责任校对：李潇潇
装帧设计：优盛文化
出版发行：吉林大学出版社
社　　址：长春市人民大街4059号
邮政编码：130021
发行电话：0431-89580028/29/21
网　　址：http://www.jlup.com.cn
电子邮箱：jdcbs@jlu.edu.cn
印　　刷：定州启航印刷有限公司
成品尺寸：170mm×240mm　　16开
印　　张：10.75
字　　数：140千字
版　　次：2021年10月第1版
印　　次：2021年10月第1次
书　　号：ISBN 978-7-5692-9106-3
定　　价：56.00元

版权所有　　翻印必究

前言

近代以来，王国维和陈寅恪两位学术大师均给予宋代文化极高的评价，宋代历史文化价值被重新认识和发掘。此后，现代学者逐渐意识到宋代文化独有的文化特征以及唐、宋文化的区别。宋代的中国，既有对新领域的开拓，也有对传统文化的重建，其历史及文化是一个不断修正、更新、丰富、完善的有机体。

宋代音乐文化是宋代文化中的重要组成部分。杨荫浏将宋代音乐分为民间曲子、市民音乐、艺术歌曲、说唱音乐、百戏戏曲、乐器器乐、宫廷雅乐等[1]。黄翔鹏在对中国古代音乐史的分期研究中，将宋代置于"以戏曲音乐为代表的近世俗乐阶段"的开端[2]。近年来，洛秦更是意识到研究宋代音乐断代史的价值和意义，进一步挖掘宋代音乐文化，并将其分成十一个专题进行深入探讨[3]。从这些研究成果中可以得知，宋代音乐文化是非常丰富的，其中包括宋代古琴音乐。

古琴在每个历史朝代都有着不同的发展特点。而宋代又是中国古琴音乐文化发展的一个重要时期。抚琴在宋人文化生活中极其普遍，一大批文人士大夫对琴的实践与研究，使两宋琴学的思想深度、文化内涵及艺术表现等较前朝有很大提高。宋代之前的唐代，受外来音乐文化的影响使古琴的地位受到冲击。

---

[1] 杨荫浏：《中国古代音乐史稿》，人民音乐出版社，1981，第456页。

[2] 黄翔鹏：《论中国传统音乐的保存和发展》，《中国音乐学》1987年第4期。

[3] 洛秦：《宋代音乐研究文论集（11卷本）》，上海音乐学院出版社，2010，第5页。

而宋代的皇帝如太宗、徽宗、高宗等酷爱弹奏、收藏琴，统治者的推崇极大地推动了宋代古琴音乐文化的发展，琴的正统音乐文化地位得以恢复。由于宋代弹琴的人很多，在表演上逐渐形成各自不同的风格，琴的流派正是产生于宋代。许健先生认为："（相较于唐代）宋代琴曲艺术有着突出的进展。宋代琴曲数量大增，质量也有显著提高。宋人的作品和琴论对明、清有着直接影响。"① 因此，宋代是中国古琴音乐文化发展史上承前启后、继往开来的重要时代。

近年，宋代古琴研究成为学界一大热点，也成为中国古代音乐史学领域宋代音乐断代史研究的重要组成部分。洛秦在《宋代音乐研究的特征分析与反思》②一文中，将宋代音乐研究依据其内容及表现方式进行归类，其中对"琴学形式与内容"的界定为："包含琴人、琴派与琴曲的研究，以及对琴调、琴制及打谱的探讨。"据统计，（截至2009年）共有文论29篇，其中期刊论文25篇，学位论文4篇，文论数量在宋代音乐研究总类别中占7%。章华英在其著作《宋代古琴音乐研究》③"绪论"部分，将2008年及以前学界对两宋时期琴学的研究文论分为琴史琴人、琴派、琴曲琴歌、琴律、琴器、古琴美学六大类进行梳理，并对两宋琴学研究现状做综述。

本书在前辈研究成果的基础上，对宋代琴学研究文论的整理进行补充。以宋代古琴音乐文化为核心，研究近、当代文论，包括单篇论文、硕博论文及著作（章节），发表或出版时间截至2019年底。

本书统计20世纪以来有关宋代琴学研究文论共170篇

---

① 许健：《琴史新编》，中华书局，2012，第153页。
② 洛秦：《宋代音乐研究的特征分析与反思（上）》，《中央音乐学院学报》2010年第1期。
③ 章华英：《宋代古琴音乐研究》，中华书局，2013，第3-15页。

（部）。其中，单篇论文135篇，硕博学位论文共17篇，著作（章节）18部。

宋代古琴音乐文化研究领域具有代表性的著作（章节）及编著包括杨荫浏、阴法鲁的《宋姜白石创作歌曲研究》[1]，许健的《琴史初编》[2]，苗建华的《古琴美学思想研究》[3]，章华英的《宋代古琴音乐研究》，张斌的《宋代古琴文化考论》，洛秦、章瑜《琴学内容与形式》等。其中，杨荫浏、阴法鲁的《宋姜白石创作歌曲研究》第七章"琴曲侧商调《古怨》"，当属目前该领域最早的研究成果，其对琴曲《古怨》谱的定弦、指法谱校勘、指法符号、译谱等方面进行分析，影响深远。许健的《琴史初编》第六章"宋元"，较全面地梳理了宋代古琴发展概况及宋代琴僧系统、浙派系统的师承渊源和传承关系。该书对宋代琴学相关问题的解读颇具见地，是宋代古琴断代史研究的最早成果，具有很高的学术价值。苗建华的《古琴美学思想研究》第七章"宋元时期的古琴美学思想"，对宋代古琴美学思想进行了较全面、系统的研究。后两部则是宋代古琴研究断代史专著，是近年来的最新研究成果。章华英的《宋代古琴音乐研究》，史料基础雄厚，论据充分，内容覆盖宋代古琴研究的各个方面，其主要立足文人视角对史料做全面辨别、梳理及考证，整体展示宋代古琴音乐文化全貌，多方面呈现琴史研究成果。张斌的《宋代古琴文化考论》则从文学视角对宋代古琴文化进行探讨。洛秦、章瑜的《琴学内容与形式》通过"目录""选录篇目"及"文献汇编"三大部分呈现。试图从总体历时脉络和共时结构的角度，呈现对宋代古琴音乐文化多方面的认识，揭示学界在该领域的

---

[1] 杨荫浏、阴法鲁：《宋姜白石创作歌曲研究》，人民音乐出版社，1957，第65—75页。

[2] 许健：《琴史初编》，人民音乐出版社，1982，第83—121页。

[3] 苗建华：《古琴美学思想研究》，上海音乐学院出版社，2006，第145—173页。

深入思考。

硕、博士学位论文研究内容包括宋代琴僧系统、浙派琴史、琴曲《潇湘水云》以及宋代琴诗等。其中，董孟孟的《北宋琴僧师承体系琴乐传习研究》[①]考察了宋代琴僧的师承传习情况，郑红的《浙派琴史初探》[②]探讨了宋代琴派浙派的发展及传播，梁晓镌的《琴曲〈潇湘水云〉流变初探》[③]考证、梳理了琴曲《潇湘水云》浙派的传谱体系，郭新云的《宋诗中的古琴艺术》[④]分析了宋代诗歌中描述的古琴内容。

目前，宋代古琴音乐文化研究探讨的突出论题主要有以下几个方面。

（1）宋代琴僧系统。许健在《琴史初编》中最先提出宋代的"琴僧系统""北宋著名的琴师，一般都有非常清楚的师承渊源，世代相传，积累了比较丰富的演奏经验。北宋有一个琴僧系统，南宋有浙派系统。"该书对北宋的朱文济、夷中、知白、义海、则全、照旷等六位琴僧师徒及相关文献进行考证。司冰琳的《中国古代琴僧及其琴学贡献》中"宋元时期的琴僧"一节，在前人研究基础上拓展北宋琴僧系统的研究，进一步考察如释元志、释善升、释居月、妙能大师等几位琴僧的琴学师承关系。章华英的《宋代古琴音乐研究》第三章"宋代琴僧现象探微"详细梳理了两宋十几位琴僧的琴事及其师承渊源关系，并从两宋琴僧的地域分布、文人与琴僧的关系、琴僧著述等几大

---

① 董孟孟:《北宋琴僧师承体系琴乐传习研究》，硕士学位论文，福建师范大学音乐学专业，2014。
② 郑红:《浙派琴史初探》，硕士学位论文，福建师范大学音乐学专业，2006。
③ 梁晓镌:《琴曲〈潇湘水云〉流变初探》，硕士学位论文，中央音乐学院音乐学系，2011。
④ 郭新云:《宋诗中的古琴艺术》，硕士学位论文，河南大学音乐与舞蹈学专业，2012。

方面对两宋琴僧现象进行全面探讨与研究，深入剖析两宋时期琴僧现象产生的社会文化原因，认为其主要与宋代佛教的广泛传播、宋代僧人的文人化与宋代士大夫禅悦之风气等有着密切关系。该研究使我们对宋代琴僧现象的认识更加全面深入，是目前该领域集大成的研究成果。

（2）浙派的成因、谱系及师承关系。对南宋浙派的研究，始于许健的《琴史初编》。该著初步考察了张岩、郭楚望、刘志方、杨缵、徐天民、毛敏仲等几位浙派琴家。戴微的《江浙琴派溯流探源》第一章"江浙琴派的兴起"，从三个方面对琴派兴起于宋代的历史成因进行深入剖析，并详细梳理、分析浙派古琴的特点及其师承渊源、琴谱系统。郑祖襄的《南宋浙派谱系的形成及其文化内涵》和《南宋浙派琴乐风格探微》两篇文章，从文化视角思考、分析南宋浙派谱系的内涵及其形成过程，并探讨浙派的琴乐风格。章华英的《宋代古琴音乐研究》的第四章第三节"宋代浙派古琴述考"，在前人研究基础上对浙派琴家、谱系及琴乐风格做进一步考证。随着该领域研究不断深入，至此，我们对南宋浙派发展脉络的认识越来越清晰。

（3）文人、文化语境下的宋代古琴研究。关于宋代文人与琴的研究，早年学界关注的大多是个别文人与琴的关系及其对琴的看法，如查阜西的《欧阳修论听琴诗之失与听琴之得》[1]。日本学者池泽滋子《苏东坡与陶渊明的无弦琴——苏轼与琴之一》《琴与琴枕——苏轼与琴之二》两篇有关苏轼与琴研究的文章，阐明苏轼对琴与隐逸及雅俗乐关系的看法，其认为苏轼对琴的理解注入了更全面的人的精神情态，赋予琴新的意义，从一个侧面阐明宋代文人与琴的密切关系。近年来，琴与文人、琴与文化关系的研究越来越凸显，研究者不再只关注古琴本身或单

---

[1] 查阜西：《欧阳修论听琴诗之失与听琴之得》，载《查阜西文集》，中国美术学院出版社，1995，第151-152页。

个文人与琴的关系，而是放宽视野，将古琴置于整个宋代文化语境及文人群体中进行思考，试图从宏观上展现古琴在宋代社会政治、文化背景下的发展特点及规律，这是近年来该领域出现的新特点。章华英的《宋代古琴音乐研究》一书中有大量篇幅探讨宋代文人与琴的关系，分析琴成为文人与僧人之间交友互动的桥梁，并专门对琴僧系统进行文化层面的解读。张斌的《宋代古琴文化考论》从文化视角分析考察宋代古琴是如何受宋代皇家文化、士大夫文化及僧道文化的影响，并从"道"的文化思想层面探讨朱长文的《琴史》。以上两部专著是近年来文人视角及文化语境下研究宋代古琴的代表性成果。

除上述重要论题外，宋代琴学研究内容及研究对象还包括以下几个方面：①琴曲、琴谱研究。其中，对姜夔的《古怨》和郭沔的《潇湘水云》的研究占较大比重。许健的《姜夔的音乐见解及其琴曲〈古怨〉》和龚一的《姜白石〈古怨〉之剖析》两篇文章，对琴曲《古怨》从音乐形态的角度进行分析研究。郑祖襄的《郭沔的生卒年与〈潇湘水云〉的创作年代》一文，考证出琴曲《潇湘水云》的创作年代及作者郭沔的生卒年。梁晓镔的《琴曲〈潇湘水云〉流变初探》，考证、梳理了琴曲《潇湘水云》浙派的传谱体系。②琴人、琴事研究。许健的《朱长文》一文是研究朱长文较早的成果，篇幅虽短，但作者对朱长文某些方面的研究评判非常中肯，颇有见地，对之后该领域的研究具有开拓性意义。章华英的《宋代蜀地琴人琴事述考》一文专门对蜀地琴人琴事进行考证，全文史料翔实可靠，具有很高的学术价值。③琴器研究。郑珉中的《谈吉林省博物馆藏"松风清节"琴》《宋宣和内府所藏"春雷"琴考析》《两宋古琴浅析》《漫谈二十世纪末所见几张宋琴》等有关宋代琴器的鉴定、修复等方面的系列论文，是其多年鉴琴、赏琴经验与心得的记录，颇具价值。曾美月的《宋代乐器收藏活动寻踪》一文对宋代古琴器物收藏、鉴别、转让等情况进行了较为详细的梳理、研究。

④琴调研究。丁承运的《宋代琴调研究》对宋代古琴音乐宫调问题，即五音正调与外调的概念与形式、实际应用进行系统而深入的论述，该文是目前为数不多的专门研究宋代琴调的研究成果。薛冬艳的《北宋古琴音乐体裁"调子"文献考》对宋代琴调的体裁、称谓及音乐风格进行界定和探讨。⑤琴史、史料研究。郑锦扬的《朱长文〈琴史〉初探》（上、下）两篇文章是较早关于朱长文《琴史》系统、全面的研究成果，对之后《琴史》研究具有重要意义。⑥琴制研究。隋郁的《从〈碧落子斫琴法〉看唐宋琴制之演变》一文对《碧落子斫琴法》所载唐宋形制从现代乐器制作视角进行审评，认为琴的形制"唐圆宋扁"有理可依。

纵向来看，20世纪以来，宋代琴学研究文论从数量上呈现出上升特点。宋代古琴音乐文化研究始自20世纪50年代，到20世纪八九十年代，研究文论数量明显上升，而21世纪以来的二十几年时间里，该领域研究的发展步入辉煌时期，研究成果不仅在数量上有所增长，研究领域有所拓展，在质量上更是有所提高。2013年和2014年分别发表了章华英的《宋代古琴音乐研究》和张斌的《宋代古琴文化考论》两部颇具学术价值的宋代古琴音乐断代史研究专著，研究上达到一个高峰。另一方面，21世纪以来，硕、博士学位论文也成为宋代古琴音乐文化研究的新力量。由此可见，该领域在老一辈学者学术成果的基础上，越来越受到关注，取得可喜的成绩。

综上所述，目前，宋代琴学研究内容在宋代音乐断代史研究中所占比重不断扩大。一方面，文论数量上已具备相当规模，且文献史料基础雄厚，研究领域和研究范围得到极大的拓展，采用传统历史学及文献学的研究方法，某些论题的研究越来越深入、成熟，研究视角宏观上扩展为宋代文人语境及文化背景，同时研究的专题性增强。另一方面，该领域研究文论虽数量众多，但某种程度上研究质量却参差不齐，低层次重复研究较为严重，某些领域如琴谱研究等方面方面成果匮乏。总之，基于

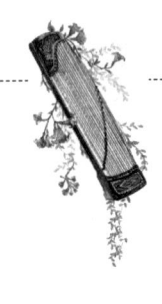

文献史料、研究思路、研究视角及研究者自身知识结构等多方面的因素，宋代古琴音乐文化研究领域依然存在极大的拓展空间，其研究方法和研究视角等方面可以更加丰富、多样。

前文讲到，宋代是中国古代古琴音乐文化发展非常重要的时期。宋代皇帝对古琴非常重视，尤以宋太宗赵光义和宋徽宗赵佶为最。由于古琴得到宋代统治者的推崇，抚琴在宋人文化生活中更是极其普遍，一大批文人士大夫如崔遵度、欧阳修、苏轼、黄庭坚等人对琴的实践与研究，使宋代琴学的思想深度、文化内涵及艺术表现等较唐代有很大提高。

本书着重以宋代琴人为研究对象，立足于文献史料，按照北宋九个皇朝的先后顺序，将北宋窦俨、柳开、王禹偁、崔遵度、欧阳修、苏轼、黄庭坚、梅尧臣、宋太宗赵光义、宋徽宗赵佶、魏野、赵抃、苏辙、文同、周敦颐、张耒等40位琴人与琴相关的生平事迹梳理、考证并写作传记。其中，琴人类型包括文人琴人、琴僧、道士、隐士、皇族琴人等。探讨北宋琴人对宋代古琴历史发展的贡献及价值意义。

本书的史料在前人研究基础上得到进一步扩展，发现诸多新史料，拓宽了宋代古琴音乐史料的运用。笔者统计出目前已有宋代古琴音乐研究成果中所涉及的北宋文人琴人仅有13位。而通过本书研究，涉及所作琴诗文10篇以上者，北宋达到34位，比如王禹偁、黄庭坚、梅尧臣、张耒、刘敞、司马光、宋祁、宋庠等，都为本书在前人研究基础上的拓展加以丰富的研究对象。可见，在前人研究的基础上，还存在大量的琴人、琴事、琴文史料需要进一步的挖掘与关注。现以黄庭坚和苏轼为例，将他们的琴事（按时间排序）呈现出来（表1、表2）。

前 言

表1 黄庭坚琴事年表

时 间	琴 事
宋英宗治平三年（1066）	六月，黄庭坚挟着竹席到岩石处避暑休息，作诗《息暑岩》，写下"松风琴瑟心可写，水寒瓜李嚼明冰"的诗句
	黄庭坚作《次韵叔父台源歌》，讲述黄庭坚的叔父教育儿子，弹琴清除俗气
宋英宗治平四年（1067）	黄庭坚病中吟诗"乃知善琴瑟，先欲绝弦寻"
宋神宗熙宁元年（1068）	黄庭坚作《渡江》，描述作者在渡江过程中"嗟行路之难兮，援琴以身忘"
	黄庭坚听琴曲《履霜操》
宋神宗熙宁四年（1071）	黄庭坚作《次韵元礼春怀》，无弦是一种"琴意"，妙不可言
	黄庭坚作《寄季张》，再次谈到无弦之素琴
	黄庭坚借古抒情，写下"莫悲归妹无锦绣，但愿教儿和瑟琴"
	黄庭坚作《送陈萧县》，谈及无弦琴，认为"琴为无弦方见心"
	黄庭坚听其姑母崇德君弹琴，作《听崇德君鼓琴》《观崇德墨竹歌》
宋神宗熙宁八年（1075）	黄庭坚作《奉和王世弼寄上七兄先生用其韵》，写下"临流呼钓船，拂石弄琴阮"的诗句
	黄庭坚于西禅听戴道士弹古琴，作《西禅听戴道士弹琴》《招戴道士弹琴》
宋神宗元丰元年（1078）	黄庭坚作《次韵奉送公定》，写下"尘埃百年琴，绝弦为钟期"的诗句
	黄庭坚作《赋未见君子忧心靡乐八韵寄李载》，以琴比喻对友人的牵挂
宋神宗元丰二年（1079）	黄庭坚作《次韵答张沙河》，写下"我评君才甚高妙，孤竹截管空桑琴"的诗句
	黄庭坚作《赠谢敞王博喻》，写下"废轸断弦尘漠漠，起予惆怅伯牙琴"的诗句
	黄庭坚作《次韵无咎阎子常携琴入村》

· 9 ·

续 表

时 间	琴 事
宋神宗元丰三年（1080）	黄庭坚作"谢公所筑埭，未叹曲池平"，《从舅氏李公择将抵京辅以归江南初自淮之西犹未秋日思归》
宋神宗元丰四年（1081）	黄庭坚作《临江寺僧以金线猿皮蒙棐几》
	黄庭坚作《洪范以不合俗人题厅壁二绝句次韵和之》，"搔首金城西万里，樽前从此叹人琴"
	黄庭坚写下"何以报嘉德，取琴作南风"的诗句
宋神宗元丰六年（1083）	黄庭坚病中写下"素琴声在时能听，白鸟盟寒久未寻"的诗句
	黄庭坚作《次韵周德夫经行不相见之诗》，写下"主翁悲琴瑟，生憎见蛾眉"的诗句
宋神宗元丰七年（1084）	黄庭坚作《次韵刘景文登邺王台见思》，写下"绿琴蛛网遍，弦绝不成声"的诗句
	黄庭坚作琴诗《放言》
	黄庭坚作《寄怀赵正夫奉议》，呈现了其"何时闻笑语，清夜对横琴"的人生状态
宋神宗元丰八年（1085）	黄庭坚作《访赵君举》
	黄庭坚作《和答莘老见赠》，作"瓯越委琴瑟，江湖拱松楸"
	黄庭坚作《送舅氏野夫之宣城》
宋哲宗元祐元年（1086）	黄庭坚与苏轼、孙觉、张耒、秦观、陈师道、晁补之等人在京师时常饮酒聚会，赏书评画，赋诗弹琴
宋哲宗元祐二年（1087）	黄庭坚应张益老（张损）之邀，作《张益老十二琴铭》
	黄庭坚作《和刘景文》，写下"牛铎调黄钟，薪余合琴瑟"的诗句
	黄庭坚与苏轼、苏辙、秦观、张耒、圆通大师、李伯时、米芾等十六人相会于附马都尉王晋卿之西园，作文人古琴雅集
宋哲宗元祐三年（1088）	黄庭坚作《题松下渊明》，作"松风自度曲，我琴不须弹"
宋哲宗元祐四年（1089）	黄庭坚作《次韵子实题少章寄寂斋》，写下"余欲造之深，抽琴去其轸"的诗句

续 表

时 间	琴 事
宋哲宗元祐八年（1093）	黄庭坚作《洪州分宁县藏书阁铭》，作"如御琴瑟，听于无弦"
宋哲宗绍圣二年（1095）	正月，黄庭坚踏上贬谪巴蜀之路。其诗文《成都府别敕中和六祖禅师劝请文》记载了他在成都的事迹，写下"琵琶琴瑟，必资妙手，乃发至音"
	三月，黄庭坚作《黔南道中行记》，提到弹琴曲《履霜》
宋哲宗元符二年（1099）	七月四日，黄庭坚作《答王周彦书》，提及欲邀请王庠周彦之兄祖元大师携古琴来戎州相聚
	闰九月，祖元大师来戎州，鼓琴，黄庭坚赋诗《寄题荣州祖元大师此君轩》
宋徽宗建中靖国元年（1101）	正月初十，黄庭坚在其诗中谈及祖元大师与琴的事迹
宋徽宗崇宁元年（1102）	九月，黄庭坚作《太平州作二首》，谈及女性琴人杨姝弹琴
	黄庭坚作《濂溪诗》，写下"弦琴兮觞酒，写溪声兮延五老以为寿"
	黄庭坚、李之仪听杨姝弹琴。黄庭坚作《好事近》，李之仪作《清平乐·听杨姝琴》《好事近》
宋徽宗崇宁二年（1103）	黄庭坚作《题杨道人默轩》，写下"轻尘不动琴横膝，万籁无声月入帘"的诗句
	黄庭坚为李亮功家藏琴阮图题字
	黄庭坚作《晚发咸宁行松径至芦子》，写下"聊持不俗耳，静听无弦琴"
宋徽宗崇宁三年（1104）	三月，黄庭坚于玉芝园作诗，写下"爱君雷式琴，汤汤发朱弦"的诗句
宋徽宗崇宁四年（1105）	六月辛巳（十六日），黄庭坚与友人邵彦明、范信中、欧阳佃夫会于龙隐洞，弹琴下棋。黄庭坚作《游龙水城南帖》。九月，黄庭坚病逝

古琴对琴人一生的不同时期会产生不一样的影响。他们与古琴的关系、对古琴的理解，通过琴人琴事纪年书写可以一目了然。本书也尝试思考琴人、琴事与社会背景之间相互驱动的关系，对北宋古琴发展过程中某一历史人物及其事件进行细节化、过程化的相关思考。以苏轼为例，元丰二年"乌台诗案"使苏轼的人生遭遇重创，该事件是否会使苏轼的思想发生深刻的改变？苏轼弹琴的情形及状态会有何变化？他对琴的态度、理解以及体验会有何不同？通过对北宋琴人研究，尝试以此为视角，对于琴人事件与社会背景之间相互驱动的关系展开细节化、过程化的探索。苏轼琴事年表如表2所示。

表2 苏轼琴事年表

时　间	琴　事
宋仁宗嘉祐四年（1059）	是冬，苏轼、苏辙随父亲苏洵从四川去湖北，两人在船上听父亲弹琴，苏轼作《舟中听大人弹琴》，苏辙作《舟中听琴》
宋仁宗嘉祐六年（1061）	苏轼作《和刘长安〈题薛周逸老亭〉周善饮酒未七十而致仕》，描述其与友人"山鸟奏琴筑，野花弄闲幽"的生活
宋仁宗嘉祐七年（1062）	二月，苏轼游终南山，道士赵宗有携琴来送，鼓《鹿鸣》之章，苏轼作诗将自己的经历寄给弟弟苏辙
宋仁宗嘉祐八年（1063）	苏轼作《次韵子由弹琴》，写下"琴上遗声久不弹，琴中古义本长存"的诗句，感叹自己久未弹琴
宋英宗治平元年（1064）	八月十一日，苏轼夜宿府学，梦与弟游南山，作《和子由记园中草木十一首》，"有如采樵人，入洞听琴筑"
	苏轼携琴重游终南山，作诗《重游终南子由以诗见寄次韵》，"古琴弹罢风吹座，山阁醒时月照杯"
	苏轼作琴诗《授经台》《谢苏自之惠酒》，过着"有时客至亦为酌，琴虽未去聊忘弦"的生活

前言

续表

时 间	琴 事
宋神宗熙宁四年（1071）	九月，苏轼、苏辙同赴颍州谒欧阳修。苏轼、苏辙各作《贺欧阳少师致仕启》一首，苏辙谓欧阳修"筑室清颍，琴书足以忘忧"
	苏轼因反对新法，自求外放，到杭州任通判。此为苏轼第一次贬谪杭州
宋神宗熙宁五年（1072）	是秋至十二月，苏轼于杭州作《莘老葺天庆观小园有亭北向道士山宗乞名与诗》，写有"惟有道人应不忘，抱琴无语立斜晖"，字里行间流露出颇为失意之感
宋神宗熙宁六年（1073）	立秋日，苏轼于杭州作《祷雨宿灵隐寺同周徐二令》，写下"床下雪霜侵户月，枕中琴筑落阶泉"的诗句
宋神宗熙宁七年（1074）	苏轼听琴僧、道士弹琴，作《听僧昭素琴》《听贤师琴》。作"散我不平气，洗我不和心。此心知有在，尚复此微吟"，苏轼从琴音中找到自己平静的心
宋神宗熙宁八年（1075）	苏轼于密州作琴诗《和顿教授见寄用除夜韵》《张安道乐全堂》，这两首诗主要谈到苏轼对无弦琴的看法"无弦则无琴，何必劳抚玩"，略显消极
宋神宗熙宁九年（1076）	苏轼于密州借文彦博之诗以抒情，作"琴觞兴不浅，风月情更深"
宋神宗熙宁十年（1077）	苏轼作琴诗《次韵景仁留别》《赠王仲素寺丞》，"临行一杯酒，此意重山岳。歌词白纻清，琴弄黄钟浊"描述离别之时的情形
宋神宗元丰元年（1078）	是秋至冬，苏轼于徐州作《张安道见示近诗》，写有"清谈未足多，感时意殊深。少年有奇志，欲和南风琴""遗声落淮泗，蛟鼍为悲吟"，此时的苏轼内心追求淡泊的生活，琴音慰藉
	时苏轼弟苏辙作《次韵子瞻题张公诗卷后》，"至人不妄言，淡如朱丝琴"呈现当时苏轼的人生状态
	十一月初八，苏轼作《放鹤亭记》，与隐君的对话中的"酒""鹤""琴"，隐喻苏轼深陷政治漩涡之中
	苏轼好友张先逝世，苏轼为其作祭文"人亡琴废，帐空鹤唳"

续 表

时 间	琴 事
宋神宗元丰二年（1079）	该年大事件：乌台诗案发生（七月）
	正月二十，苏轼表兄文同逝世，苏轼悲痛欲绝，作《祭文与可文》，肯定其琴艺
	正月二十九，苏轼时任徐州，与孙舒焕等八人游历桓山，听戴道士弹琴，并作《游桓山记》《游桓山会者十人以春水满四泽夏云多奇峰为韵得泽字》《戴道士得四字代作》等琴文、琴诗，此时的苏轼携琴寄情于山水间，弹琴交友，赋诗论琴。
	三月，苏轼由徐州调任太湖滨的湖州，与秦观顺路同行，过无锡，游惠山，有诗唱和，端午始分别。并写下"或鸣空洞中，杂佩间琴筑"的诗句
	五月至十二月，苏轼作《赵阅道高斋》《送俞节推》，前者表达苏轼欣赏赵抃一琴一鹤的简单人生，后者"吴兴有君子，淡如朱丝琴"，苏轼表达出内心追求淡泊之意
宋神宗元丰三年（1080）	苏轼谪居黄州期间，陈直躬处士慕名谒访，时逢苏轼与贵人弹琴。《渑水燕谈录》评苏轼"清谈善谑"，为人温厚亲和，且不失幽默
	苏轼贬谪黄州期间，借欧阳修之诗作有琴诗《黄州》，表达了他的内心世界和生活状态："只乐听山鸟，携琴写幽泉"。
宋神宗元丰四年（1081）	六月二十三日，陈季常自岐亭访苏轼，携精笔佳纸妙墨求苏轼题书，见苏轼正会客弹琴，便请求苏轼将其所藏雷琴弹之，因此苏轼所题皆为琴事，作《杂书琴事》以赠之。《杂书琴事》包括十首：《家藏雷琴》《欧阳公论琴诗》《琴非雅声》《张子野戏琴妓》《琴贵桐孙》《戴安道不及阮千里》《文与可琴铭》《琴鹤之祸》《天阴弦慢》《桑叶揩弦》，讨论的内容涉及琴音、琴材、琴铭、指法、藏琴等。时苏轼赠予陈季常的还有《瑶池燕》等琴曲歌辞
	苏轼于黄州作《再次前韵三首》《题织锦图上回文三首》《四时词》，"羞云敛惨伤春暮，细缕诗成织意深。头畔枕屏山掩恨，日昏尘暗玉窗琴""头白自吟悲赋客，断肠愁是断弦琴"表明苏轼在黄州也会有失落的情绪

前 言

续 表

时 间	琴 事
宋神宗元丰五年（1082）	闰六月，苏轼作《琴诗》，写有"若言琴上有琴声，放在匣中何不鸣"，这首诗充满哲理，谈到琴的复杂的美学问题，苏轼通过琴对人生进行深刻思考
宋神宗元丰六年（1083）	十月初四，苏轼书唐代雷氏琴的流传及渊源情况
	苏轼游黄州定惠院东小山，醉卧小板阁，稍醒，与客弹雷氏琴，并作《记游定惠院》
宋神宗元丰七年（1084）	八月（后），苏轼于泗州作《蔡景繁官舍小阁》，写下"素琴浊酒容一榻，落霞孤鹜供千里"的诗句
宋神宗元丰八年（1085）	十一月，苏轼告别登州友人，作《留别登州举人》，写下"落笔已吞云梦客，抱琴欲访水仙师"
宋哲宗元祐元年（1086）	是春至十月间，苏轼作诗《书文与可墨竹》，怀念文同，运用伯牙摔琴典故将自己比作"断弦人"
	是春至十月间，苏轼作琴诗《次韵朱光庭喜雨》，写下"破屋常持伞，无薪欲爨琴。清诗似庭燎，虽美未忘箴"的诗句
宋哲宗元祐二年（1087）	春夏，时苏轼任翰林学士，作《次韵子由送家退翁知怀安军》忆友人，写下"吾州同年友，粲若琴上星""鼓笛方入破，朱弦微莫听"的诗句
	六月一日，文彦博上第一表丧礼应用祥琴，请举乐。苏轼记载了文彦博上第一表不允批答的原因，即"礼之至者无文，哀之深者无节""琴不成声，君子以为知礼"。之后连上四表，九日，苏轼记载了文彦博上第四表不允批答的原因，即"琴瑟之御，则有未安"。前四表不允，第五表从之
	是年，苏轼、苏辙、秦观、张耒、圆通大师、李伯时、米芾、黄庭坚等十六人相会于附马都尉王晋卿之西园，作文人古琴雅集
宋哲宗元祐三年（1088）	苏轼时任翰林学士，作《次韵王郎子立风雨有感》《题李伯时画赵景仁琴鹤图二首》，为李伯时画赵抃儿子赵景仁琴鹤图题诗，写下"谁知默鼓无弦曲，时向珠宫舞幻仙"
	苏轼书帖《皇太后阁六首》，描述了皇太后"露篹琴书冷，珊槃蜃饵新"的生活情态

续 表

时　间	琴　事
宋哲宗元祐四年（1089）	苏轼作《题万松岭惠明院壁》，描述"予去此十七年，复与彭城张圣途、丹阳陈辅之同来"并记载了他与僧人梵英一同喝茶时，联想到古琴之材质
	苏轼在杭州期间，常与祥符寺琴僧往来
	九月二十一日，苏轼作《书文忠赠李师琴诗》，回忆其第一次来杭州时与杨杰一同听贤师李师弹琴的情形
宋哲宗元祐五年（1090）	九月十八日，苏轼书《书朱象先画后》，谈及阮千里善弹琴及其琴事
	十二月一日，苏轼游灵隐寺，听林道人论琴，作《书林道人论琴棋》
	陈师道常陪苏轼泛舟西湖，赋诗唱和，观月听琴
	苏轼于杭州时作《寄梅宣义园亭》，写下"敲门无贵贱，遂性各琴樽"的诗句
宋哲宗元祐六年（1091）	三月十九日，苏轼自杭州返京师的途中，留宿吴淞江，梦见与琴的故事，探讨琴为何十三弦，并作《书仲殊琴梦》
	苏轼于颍州作琴诗《破琴诗》《书破琴诗后并引》《赠武道士弹贺若》，继续探讨他在梦中所提出的有关琴的疑问
	九月十五日，苏轼于杭州西湖观月听琴，作琴诗《九月十五日观月听琴西湖示坐客》
	八月至明年三月，苏轼与友人弹琴聚会，喝酒作诗，作《次韵赵景贶督两欧阳诗破除酒戒》《与赵、陈同过欧阳叔弼新治小斋，戏作》，写下"拊床琴动摇，弄笔窗明虚"
宋哲宗元祐七年（1092）	二月，苏轼以龙图阁学士由颍州改知扬州，与通判晁补之共理邑政，相互唱和
	四月二十四日，苏轼书写琴曲《醉翁操》歌辞赠予沈遵之子本觉禅师，并作《书醉翁操后》。影响深远
	九月，苏轼以兵部尚书召还颍州，途中作《附晁无咎次韵》
	是年秋至次年九月，苏轼作琴诗《见和西湖月下听琴》《藕田》《丹元子示诗飘飘然有谪仙风气吴传正继作复次其韵》

续 表

时 间	琴 事
宋哲宗元祐八年（1093）	九月至明年四月间，苏轼作诗《次韵聪上人见寄》寄琴僧思聪
宋哲宗元祐九年、绍圣元年（1094）	正月，苏轼与李之仪论陶诗。时两人常弹琴论诗
	九月二十六日，苏轼迁惠州，途中经过明福宫、石楼、黄龙洞，时苏轼将水声比作琴的声音。十月到达惠州
	十二月，苏轼游峡山寺，作《有人见白猿者》，写下"石泉解娱客，琴筑鸣空山"的诗句
宋哲宗绍圣二年（1095）	二月十一日，苏轼饮醉食饱，作《书渊明东方有一士诗后》，示儿子过
	苏轼在惠州作《和贫士七首》，"谁谓渊明贫，尚有一素琴。心闲手自适，寄此无穷音"
宋哲宗绍圣三年（1096）	正月至明年四月间，苏轼作《和陶东方有一士》，"借君无弦琴，寓我非指弹"。对苏轼在惠州"窘于衣食"的生活，宋人和后人多有记载。此时的苏轼向往陶渊明无弦琴之境
宋哲宗绍圣四年（1097）	六月，苏轼遭贬来琼。其自琼州府赴儋州路经澄迈老城时，在赵梦得家中住宿，并在其居所二亭上题"清斯""舞琴"二匾
	十二月，苏轼作《迁居之夕，闻邻舍儿诵书，欣然而作》，"跫然已可喜，况闻弦诵音""可以侑我醉，琅然如玉琴"
宋哲宗元符元年（1098）	清明日，苏轼作《和陶郭主簿二首》，写下"孺子卷书坐，诵诗如鼓琴。"诗句
宋哲宗元符二年（1099）	十月二十三日，苏轼作琴文《书王进叔所蓄琴》，与友人探讨藏琴琴纹
宋哲宗元符三年（1100）	是春至八月间，苏轼作琴诗、琴文《和陶杂诗》《归去来集字》《梅圣俞之客欧阳晦夫使工画茅庵己居其中一琴横床而已曹子方作诗四韵仆和之云》《欧阳晦夫惠琴枕》《琴枕》《餠筦》《欧阳晦夫遗接䍦䍦琴枕戏作此诗谢之》

续 表

时 间	琴 事
宋徽宗建中靖国元年（1101）	正月，苏轼藤州江上夜起对月，与邵道士弹琴，作琴诗赠之
	正月，苏轼作《赠诗僧道通》诗赠琴僧思聪
	正月，苏轼北归至虔州，拟在常州居住。六月，病重，请老归田，朝廷允其以本官致仕。七月，北上，卒于常州
	四月，苏轼去世前两个月，李公麟为其画像，苏轼自题诗曰："心似已灰之木，身如不系之舟。问汝平生功业，黄州惠州儋州。"
	七月，苏轼卒

目 录

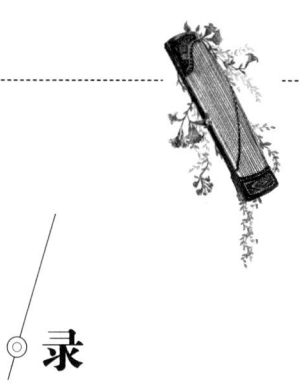

窦俨（918—960）/ 001

柳开（947—1000）/ 002

赵光义（939—997）/ 004

朱文济（生卒年不详）/ 011

郑文宝（953—1013）/ 013

王禹偁（954—1001）/ 014

崔遵度（954—1020）/ 018

赵湘（959—993）/ 021

魏野（960—1020）/ 023

黄休复（生卒年不详）/ 027

范仲淹（989—1052）/ 028

唐异（生卒年不详）/ 034

张先（990—1078）/ 036

杨亿（974—1020）/ 038

林逋（967—1028）/ 040

晁迥（951—1034）/ 043

释智圆（976—1022）/ 044

宋庠（996—1066）/ 046

欧阳修（1007—1072）/ 047

赵抃（1008—1084）／ 059

梅尧臣（1002—1060）／ 064

宋祁（998—1061）／ 070

释则全（？—1045）／ 071

刘敞（1019—1068）／ 072

刘攽（1023—1089）／ 074

文同（1018—1079）／ 076

司马光（1019—1086）／ 079

韩琦（1008—1075）／ 080

苏轼（1037—1101）／ 081

苏辙（1039—1112）／ 104

周敦颐（1017—1073）／ 106

黄庭坚（1045—1105）／ 108

秦观（1049—1100）／ 117

张耒（1054—1114）／ 118

晁补之（1053—1110）／ 120

晁说之（1059—1129）／ 121

释惠洪（1071—1128）／ 122

黄裳（1044—1130）／ 123

赵佶（1082—1135）／ 124

贺铸（1052—1125）／ 125

其　他　／ 128

附　录　／ 137

参考文献　／ 139

窦俨（918—960）

窦俨，字望之，蓟州渔阳县（今天津市蓟州区）人，北宋礼部尚书窦仪之弟，后晋天福六年（941）举进士。窦俨一生宦海阅历丰富，历仕四朝。北宋太祖建隆元年（960），转礼部侍郎，代仪知贡举。窦俨对宋代的礼乐、制度建设方面有着突出的贡献，当时，祀事乐章、宗庙谥号多由窦俨撰定。《宋史》则曰："俨性夷旷，好贤乐善……尤为才俊，对景览古，皆形讽咏，更迭唱和至二百篇，多以道义相敦励，并著集。"（卷二六三，列传第二十二）卒，年四十二。

宋太祖建隆元年（960）二月，也就是在赵匡胤称帝定都开封改国号为宋的第二个月，窦俨便上奏请修新乐，得到皇帝允许，"获诏专其事"（《宋史》卷一二六，《乐志》一）。窦俨将七弦琴（古琴）编入宫廷雅乐器，雅乐乐谱则沿用后周《大周正乐》所定（见《宋会要辑稿》乐一）。可见，窦俨作为宋朝开国以来修订雅乐的第一位大臣，其功劳值得称颂。

除此之外，窦俨具有较好的琴学基础，朱长文的《琴史》将其作为一位专业琴人收录其中。据朱长文《琴史》记载，年少时的窦俨除了学习古琴，还学习笛子、琵琶、觱篥等多种乐器，可见窦俨在音乐方面的修养非常的全面，这也为他修订宫廷雅乐提供了良好的基础条件。（见《琴史》卷五）

窦俨也是朱长文《琴史》中收录的唯一一位宋太祖时期的琴人。

柳开（947—1000）

柳开，原名肩愈，字绍先，后改名开，字仲涂，自号东郊野夫、补亡先生，大名（今属河北）人，北宋文学家。开宝六年中进士，柳开提倡韩愈、柳宗元的散文，以复兴古道、述作经典自命，是宋代古文运动的先驱。诗作现存八首，著有《河东集》。

宋太祖开宝五年（972），柳开著《东郊野夫传》《补亡先生传》。后来，在柳开去世之后，他的这两部自传由他的弟子张景编入《河东先生集》（即《河东集》），其中收录了柳开的琴文《赠曲植弹琴序》《送程说序》等。

《赠曲植弹琴序》曰：我听子之琴，实闻其声不能知子琴之音也……知己者不可从而见也，徒勤勤而至于今矣。尤乎人不我知，诚之……（《河东集》卷十二）

《送程说序》曰：乐之中，琴为贵，君子多尚矣……今之人即异于是，举世而能者鲜矣，能之者，非能舒夫心以出乎声也？盖能习乎古之遗声也，其或真伪之不分，节数之无度，复斯多矣，是若废之者乎，或不幸而有好之者能习焉。当其发而鼓之也，见而来观者百无一二矣。观而能听者几人焉？听而复能知者固加少矣。（《河东集》卷一）

这两篇文章反映了柳开的复古思想。他推崇儒家的正统音乐观，追求琴乐的"古之遗声"。这种音乐思想一定程度上渗透到北宋前期的古琴思想之中。柳开也是目前史料所见宋朝开国以来第一位在文论中对古琴思想提出明确见解的文人士大夫。他认为，听琴要通过琴声听到琴音，从而"辨其功"，反之，则

柳开（947—1000）

无法得到"道"。柳开认为，在孔子的琴音中能找到自己，正所谓"听子之琴，感我之悲""能识其音而辨其功"，就是指人们被琴音所感染。同时，柳开主张古琴是君子弹奏的乐器，认为"乐之中，琴为贵"，这正是儒家正统琴学思想的一种体现。柳开认为，古琴与政治是相通的，"凡音者，生于人心者也"，通过这种对人心的把握，"以察夫民之情国之政"。柳开的著述文论及反映出来的琴学思想，一定程度代表了宋代初期文人士大夫阶层的琴乐观，体现了这一阶段的儒家正统音乐观。

赵光义（939—997）

宋太宗赵光义，北宋的第二位皇帝，字廷宜，本名赵匡义，后因避其兄宋太祖名讳改名赵光义，即位后又改名赵炅。开宝九年（976），宋太祖驾崩，赵光义继位。宋太宗赵光义在位共21年，即976年11月15日至997年5月8日。至道三年（997），赵光义去世，谥号神功圣德文武皇帝，庙号太宗，葬于永熙陵。

宋太宗作为宋朝第二位统治者，对宋朝古琴的发展产生了重要的影响。他非常喜爱古琴，并且对古琴有着自己独到的见解，从他的诗歌中可以看出来。《全宋诗》收录了宋太宗所作的11首《缘识》琴诗。（《全宋诗》第1册。）

第一首："夜静风还静，凝情一弄琴。"

第二首："稽古看书罢，时听一弄琴。"

第三首："三柱应琴徽，五音更互发。"

第四首："浇漓渐变同尧日，薄俗将重理舜琴。"

第五首："盘龙面对压鳌头，玄微风散万般流。长春苑内斗酣酒，阳和自态低回首。"

第六首："从兹化被先贤慕，激浊扬清肖喜怒。太素仁风去住间，元和之气皆遍布。飞凤在天不可测，大小龙吟不费力。响应听时有自然，举措安详能雅饰。南风思政民俗化，顺从平等无高下。淳朴相传今复兴，逍遥道德后宗亚。指要直掌须反善，拊安排齐似剪取。声来往，玄更玄，振兼文武情展转。古与今来千万来弄，几人通达能妙用……伯牙弹时如何美，汪汪洋洋似流水。"

第七首："合弹慢处却弹急，愚蒙堪笑情兀兀。"

第八首:"胡笳十八笑思归,悲风切切摇朱翠。"

第九首:"秋蝉夜噪素琴鸣,边城角罢春水渌。"

第十首:"天最大,无比拟,经文秘在无生理。知之修炼是圣人,光阴急速流如水。"

第十一首:"凤皇燕雀不同群,非类宜然信有闻。好景销磨还尔梦,方知虚庭似浮云。"(见赵匡义《缘识》,《全宋诗》第1册。)

从宋太宗所写的这11首《缘识》琴诗内容可以得知,弹琴作诗是赵光义平时生活中一件很平常的事情,是他的一种生活状态。无论是夏天或秋天,无论在白天或是夜晚,弹琴看书与他如影随形,这对于一位统治者来说,是不多见的。从琴诗中还可以看出,宋太宗弹琴技法很纯熟,比如第三首诗提到弹琴的指法、曲目等,太宗所弹琴曲包括《广陵散》《白雪》等。宋太宗认为,古琴的声音比春莺的叫声更加美妙动听,这是他对琴音的感受,反映出了他对古琴的热爱。宋太宗还在第五首诗中谈到自己对琴的理解与感受,字里行间表达出他对古琴的重视和很高的评价,他的琴技甚至达到了一种"道"的境界,认为自己与琴是一种缘分,这说明他对古琴的理解和他与古琴关系的定位上升为"道"。在第六首《缘识》诗中,宋太宗交代了他弹琴的缘由、目的和方法,分析了古琴的象征意义。在第七首诗中,宋太宗谈到了他对古琴技法的一些细节上的处理,还有平时弹琴时所养成的一些不好的习惯。在第八首琴诗中,他呈现了古琴与歌唱及其他乐器合奏的形式。第九首诗则体现出宋太宗弹琴赏琴时的文人情怀、忧郁情愫与思绪。

可见,宋太宗既注重弹琴的技巧又追求古琴所表达的意境之美。同时,在更高的思想价值观层面,宋太宗通过以上诗歌中"禁淫邪""天""地""道德"的象征意义,阐明了他所提倡的儒家正统音乐观。从11首琴诗的标题《缘识》,也可以品味出宋太宗的古琴思想具有佛家意味,诗中的文字流露出他对古

琴所能带来的一种幽静自在的境界的追求与享受,反映了他一生对古琴的喜爱。

宋太宗除了作琴诗,他还酷爱填辞的琴调,即琴歌。《续湘山野录》记载了太宗酷爱宫词中的十首小调子,并命近臣各选一调撰写乐辞的事迹:"太宗尝酷爱宫词中十小调子,乃隋贺若弼所撰,其声与意及用指取声之法,古今无能加者。"

宋太宗除了自己生活中喜欢弹琴、品味琴曲,对其他弹琴的人也是非常重视的,对宫中品德淳良、技艺精湛的琴待诏,会给予一定的嘉赏。太宗雍熙年间(984—987),起居舍人田锡所作《翰林书画琴阮医药等待诏加恩制》便呈现了太宗朝琴待诏制度的情况:"某等技艺精通,履行纯谨,各奉禁林之职,夙彰艺圃之名。覃恩既洽于涵濡,祗宠勿忘于惕励。"(《咸平集》卷二九)

至道元年(995)四月,宋太宗任命翰林学士张洎为参知政事,张洎遵循圣意厚待宫廷中来自江南的琴待诏。《涑水记闻》卷三曰:"太宗好琴棋,琴棋待诏多江南人,洎皆厚抚之。"此条为本书发掘出的史料,在现有宋代古琴研究成果中几乎尚未得到使用。目前所见,记载此历史事件的文献典籍共五部,其中以司马光《涑水记闻》为最早,其后的《续资治通鉴长编》一定程度上参考了前者内容。此条史料描述的是宋太宗与大臣张洎的关系,太宗欲重用张洎,但闻其陷害潘佑之事,尚在犹豫之中,则问宫中待诏对此事的看法,这些江南来的待诏平日深得张洎厚待,自然在皇上面前为其开脱解围。《涑水记闻》与《续资治通鉴长编》对此历史事件最大的不同在于记载待诏的细节处,前者为"琴棋待诏",后者为"翰林待诏"。司马光生活在太宗之后的真宗朝,离事件发生的时间非常近,其记载内容的可信度应是比较高的。《续资治通鉴长编》在史料中明确交代了其参考了《涑水记闻》和《国史》,取"翰林待诏"应当是从太宗朝《国史》中来的。另外,《续资治通鉴长编》是编年体,提

供了一个宝贵的信息即此事件发生的时间，且对待诏的具体人物做了详细记载。综合两条史料可以推测，当时太宗召见的待诏有多位，除了《续资治通鉴长编》记载的两位有姓名的待诏之外，其中当包括司马光所载的琴待诏。

《宋史》卷二六七列传第二十六记载，张洎是从江南考到朝廷的进士，他本是江南人。宋太宗召入宫的琴人大多来自江南，如朱文济、朱亿、骆俊，包括其命裴愈寻访时发现的善琴的广慧夫人也属江南人。此地的古琴发展在宋代初期就崭露头角，加之宋太宗和张洎的官方支持与宠爱，江南琴人在宋初就已得到重用，这为江南成为宋代古琴发展的繁荣之地提供了条件，并且对后来宋室南迁后的浙派形成亦产生重要影响。

端拱年间（988—989），宋太宗召见琴僧从信，赐食、赐号"三惠大师"。（见罗濬《宝庆四明志》卷十一）宋太宗对琴僧的重视也从侧面反映宋太宗热爱古琴的程度之深。

淳化四年（993）闰十月丙午，宋太宗向大臣讲述宓子贱弹琴治单父的典故，宓子贱是孔子的学生，《吕氏春秋·察贤》曰："宓子贱治单父，弹鸣琴，身不下堂而单父治。"佳政琴鸣，文明礼乐，这是一种"无为"的境界，宋太宗用宓子贱弹琴的故事做比拟，追求"道"的无为境界，崇尚道家主张的清静之境。"鸣琴而治"指以礼乐教化人民，以达到"政简刑清"的统治效果。宋太宗认识到古琴对政治的重要性，古琴的象征意义深入人心，并以此来统治百姓，治理国家。

太宗尝曰："清静致治，黄老之深旨也……至如汲黯卧治淮阳，宓子贱弹琴治单父，此皆行黄老之道也。"吕端曰："国家若行黄老之道，以致升平，其效甚速。"吕蒙正曰："老子曰：'治大国若烹小鲜。夫鱼挠之则溃，民挠之则乱，今之上封事议制置者甚多，陛下渐行清静之化以镇之'……宓子贱之为单父也，鸣琴不下堂，而单父大治任人故也。"（罗从彦《豫章文集》卷三）

至道元年（995）六月十日，太宗下诏命内品、监秘阁三馆书籍裴愈去江南、两浙诸州寻访民间图书。（见《麟台故事》卷二）至道元年（995）正月庚午，裴愈自江南回京，获古琴谱九卷返回宫中，藏于秘阁。（《宋太宗皇帝实录》卷七十六）宋初宫廷秘阁所藏的琴谱有一部分源于民间收藏。宋太宗的《阁谱》代代相传，对后世南宋浙派的形成产生了影响，浙派琴谱的渊源有一部分来源于宋太宗阁谱。元代琴人袁桷《清容居士集》卷四十四"示罗道士"曰："北有《完颜夫人谱》，实宋太宗《阁谱》，余幼尝学之，其声数以繁。"

裴愈寻访江南期间，听闻朱亿之姐广慧夫人善琴，将其带至京师，宋太宗赐号广慧夫人，且召朱亿为翰林琴待诏。

先祖尚书公，讳亿，字延年，越州剡县人也。少有雅趣，邃于琴道，卜居四明，有姊以淑行婉质，尤工琴书，后赐号广慧夫人者也。吴越王既纳籍有司，至道元年，天子命使者裴愈至二浙访图书，闻广慧既艺且贤，以名闻，且命之至京师。广慧既入宫掖，尚书被召，对鼓琴。太宗嘉悦，使待诏翰林。其后历仕繁剧，多以才选。虽王事靡监，而丝桐不离于前，笃好而精学，虽老无倦教。（朱长文《琴史》卷五）

至道元年（995）十月十二日，宋太宗将宫廷雅乐中新制的九弦琴各弦分别命名为"君、臣、文、武、礼、乐、正、民、心"，呈现在群臣面前，并将新撰的雅乐琴谱二十卷，命宫中琴待诏蔡裔、朱文济弹奏。程俱的《麟台故事》最早记载杨亿、李宗谔、安德裕、赵安仁、吴淑等大臣作歌赋诗，颂扬宋太宗新制雅乐九弦琴，并获得太宗嘉赏。

（至道元年）十月，翰林学士、秘书监、知制诰及三馆学士以上以新增琴、阮弦，各献歌、赋、颂，以美其事。上谓宰相曰："近日朝廷文物甚盛，前代所不及矣。群臣所献歌颂，朕一一览之，校其工拙。惟李宗谔、赵安仁、杨亿词理精当，有老成之风，可召至中书奖谕。"又曰："吴淑、安德裕、胡旦，或

词彩古雅,或学问优博,又其次也。"明日,以秘书丞李宗谔为太常博士,依前直昭文馆;著作佐郎赵安仁为太常丞,依前直集贤院;光禄寺丞直集贤院杨亿赐绯鱼袋,赏之也。(《麟台故事》卷四)

目前,所见宋代至清代至少有十二种典籍史料对宋太宗新制宫廷雅乐九弦琴的事迹有所记载,说明此事在当时及对后世具有较大的影响。其中,以程俱的《麟台故事》为最早,而《续资治通鉴长编》(卷三十八)对宋太宗制九弦琴的缘由、经过、展示的时间、给琴弦命名、新造琴谱的情况,以及大臣及琴待诏对九弦琴的态度都做了较为详细的记载,是对此事记载较为完整的史料。宋太宗新制九弦琴为宋代宫廷雅乐中古琴的作用开启了一个典型范例,影响深远。同时,宋太宗在这个事情中对古琴、琴待诏以及大臣们的态度,可以窥探他在政治上追求标新立异及专制统治。自此,古琴作为统治者的一种政治手段和工具,在整个宋代特别是北宋各朝广泛使用。

至道二年(996)正月十九日,田琮为宋太宗新制九弦琴配十二律旋相为宫,并画图献给太宗,获太宗迁其职的嘉赏。

至道二年正月庚申,太常寺言:"音律官田琮以上新增九弦琴、五弦阮,均配十二律,旋相为宫,隔八相生,并已叶律,冠于雅乐。"以旋宫相生之法,画为图以献。上览之喜,诏本寺,即与琮迁职以赏之。(《宋太宗皇帝实录》卷七十六)

至道三年(997)三月癸巳(二十九日),宋太宗驾崩。灵驾将发,宋太宗生前弹奏的古琴陈于帐内。(《宋史》卷一二二)王禹偁作《太宗皇帝挽歌》,对宋太宗作九弦琴做出评价:"何人开殿阁,尘暗九弦琴。"(《小畜集》卷十一)

朱长文的《琴史》收录了宋太宗,宋太宗也是《琴史》收录的宋代唯一一位帝王统治者。宋太宗与琴的关系之密切,朱长文将宋太宗视为一名琴人,并总结了宋太宗一生对宋代古琴做出的贡献及事迹,对太宗制九弦琴予以肯定,对其琴学修养

做出"自三代而下未之有也"的评价。

谓夫五弦之琴，文武加之以成七，乃留睿思而究遗音作，为九弦之琴、五弦之阮。非夫达于礼乐之情者，孰能与于此？又制九弦琴、五弦阮歌诗各一篇，《琴谱》二卷，《九弦琴谱》二十卷，《五弦阮谱》十七卷，藏于禁阁。副在名山，又尝作《万国朝》《天平晋》二乐曲，圣制乐章各五首，曲名三百九十首。臣窃谓三代而下，汉孝元善琴、孝章议乐，俱不能有所制作，梁武帝论钟律而徒闻其言，唐明皇解音曲而未尝及雅。惟吾太宗勋德，巍巍敷被天渊，而留神于正声，摅怀于妙曲，自三代而下未之有也。（《琴史》卷五）

叶梦得的《石林燕语》也评价太宗琴棋皆造极品："太宗当天下无事，留意艺文，而琴棋亦皆造极品。"（卷八）

朱文济（生卒年不详）

朱文济，生卒年不详，北宋宫廷琴师（琴待诏）。目前所见史料中，有关宋朝琴待诏的史料较少，留下具体姓名的琴待诏有5位，其中北宋太宗朝4位，南宋高宗朝1位。朱文济是目前史料所见北宋时期宫廷中较早被任命的、有姓名记载的宫廷琴待诏，他琴艺精湛，宋太宗太平兴国年间（976—983）"鼓琴为天下第一"。北宋的琴家多为僧人，他们的琴技多出自朱文济，慧日大师夷中就得到他的真传，朱文济教夷中弹琴，夷中又教给知白、义海，义海将其琴艺发挥到极致，他们都是北宋颇具声望的琴僧，闻名天下。

兴国中，琴待诏朱文济鼓琴为天下第一。京师僧慧日大师夷中尽得其法，以授越僧义海。海尽夷中之艺，乃入越州法华山习之，谢绝过从，积十年不下山，昼夜手不释弦，遂穷其妙。天下从海学琴者辐辏，无有臻其奥。海今老矣，指法于此遂绝。海读书，能为文，士大夫多与之游，然独以能琴知名。海之艺不在于声，其意韵萧然，得于声外，此众人所不及也。（《梦溪笔谈·补笔谈》卷上）

宋太宗至道年间（995—997），宋太宗赵光义把七弦古琴加二弦而变为九弦琴，千方百计想得到当时的宫廷琴待诏朱文济的支持，但朱文济认为这样做违背了音乐本身，对此坚决反对。由于朱文济在琴界颇高的声望，他的反对使宋太宗极为扫兴，因此受到冷落。

朱文济者，金陵人，善鼓琴，为待诏。性冲淡，不好荣利，专以丝桐自娱。太宗令待诏蔡裔增琴为九弦，阮为七弦，文济

执以为不可复增，裔以为增之善。太宗曰："古琴五弦，而文、武增之，今有何不可？"文济曰："五弦尚有遗音，而益以二弦，实无所阙。"上怒斥出，后遂增琴阮弦，令文济抚之，辞以不能。上愈怒，面赐蔡裔绯衣。文济班裔上，独衣绿，欲以此激之。又遣裔使剑南、两川，获数千缗，裔甚富。而文济蓝缕贫困，殊不以为念。(《宋朝事实类苑》卷五一)

据朱长文《琴史》载，朱文济"性冲淡，不好荣利"。

朱文济、赵（疑为蔡误）裔者，善鼓琴，昔待诏……文济性冲淡，不好荣利，唯以丝桐自娱，而风骨清秀若神仙中人，上令供奉僧元霭写真留禁中。(《琴史》卷五)

朱文济著有《琴杂调谱》十二卷（《玉海》卷一百十"宋朝琴谱"目录），已佚。

郑文宝（953—1013）

郑文宝，字仲贤，一字伯玉，汀州宁化（今属福建）人，南唐末宋初书法家、琴人、诗人、史学家。太平兴国八年进士，历官陕西转运使、兵部员外郎。善篆书，工琴，以诗名世，风格清丽柔婉，为欧阳修、司马光所称赏，著有《谈苑》《江表志》等。

文宝好谈方略，以功名为己任。久在西边，参预兵计，心有余而识不足，又不护细行，所延荐属吏至多，而未尝择也。晚年病废，从子为邑，多挠县政。能为诗，善篆书，工鼓琴。有集二十卷，又撰《谈苑》二十卷、《江表志》三卷。（《宋史》卷二七七，列传第三六）

他与崔遵度相差一岁，两人同年举进士，也是古琴方面的良师益友。

释文莹的《湘山野录·续湘山野录》中记载，郑文宝拜师崔遵度学习古琴，之后琴艺得到了崔遵度的肯定，崔遵度便将自己珍藏的古琴"水泉"送给了郑文宝，可见崔遵度对郑文宝弹琴赏识程度之深。同时，也反映了在宋代初期，文人士大夫对古琴的重视以及文人间相互交流的一种状态，这种士大夫之间的古琴交流在北宋中叶达到巅峰。

郑仲贤善诗，可参二杜之间，予收之最多……又学琴于崔谕德遵度，崔谓杨大年曰："郑仲贤弹琴，恐古有之，若今则无。吾箧中畜雷朴一琴，号水泉者，乃江南故国清风阁所宝，本欲携葬泉下，托君赠之，为我于龙池题数字记于腹，此琴之声可盖余琴六七。"（《湘山野录·续湘山野录》）

王禹偁（954—1001）

王禹偁，字元之，济州巨野（今山东菏泽市巨野县）人，出身于以磨面为生的贫苦人家。北宋时期散文家、史学家，宋初有名的直臣，少年就学乡里，9岁能赋诗，10余岁能撰文。太平兴国八年（983）举进士，历任右拾遗、左司谏、知制诰、翰林学士等。他敢于直言讽谏，一生屡受贬谪。王禹偁为北宋诗文革新运动的先驱，诗文多反映社会现实，风格清新平易。其著有《小畜集》30卷。

宋太宗雍熙三年（986）正月初九，正值王禹偁守大理评事知县期间，作《赴长州县作》，该文曾一度毁于战火，后于绍兴十年知县石珵重刻，收录于南宋文人范成大的《绍定吴郡志》中。王禹偁在文中谈及此地与古琴相关的典故。长州就是现在的苏州，这个地方适宜文人弹琴煮茶，在此怡然自得。（《绍定吴郡志》卷三十七）

宋太宗淳化二年（991）九月，王禹偁因言获罪，触怒太宗，解知制诰职，被贬为商州（今陕西商洛市商州区）团练副使。当时谪居于偏僻商州的王禹偁，倍感人情冷漠、世态炎凉，心情极度郁闷。在此期间，王禹偁与琴、棋、竹相伴，作诗感怀。一日，他临窗而观，忽见一片透明澄澈的碧色，带着丝丝凉意，仿佛要染绿人的鬓发须眉，顿觉耳目清爽，心旷神怡，诗意便开始在心中荡漾。他作的《官舍竹》一诗将竹子人格化，写自己和竹子一起弹琴、下棋。（《小畜集》卷九）

王禹偁通过作琴诗表达弹琴的感悟，来影射他当时的人生状态。在贬谪商州期间，王禹偁还作有琴诗《御书钱》："谪官

无棒突无烟，唯拥琴书尽日眠。"《谪居感事》："琴酒图三乐，诗章效四蚩。"《秋居幽兴》："药田荒野蔓，屐齿没苍苔。幽兴将何遣，爇琴贳酒杯。"（《小畜集》卷八、卷九）关于王禹偁创作《御书钱》的时间及当时的情形，之后北宋时人孔平仲和赵令畤的文章中也有所记载。（孔平仲《谈苑》卷四）

宋太宗淳化四年（993）八月，王禹偁回京任命其为左正言。琴书依旧相伴，王禹偁写下"枕簟与琴书，鸰原聊自奉"的诗句。（《小畜集》卷三）

宋真宗咸平二年（999）闰三月，王禹偁再一次遭遇贬谪，被贬黄州。八月十五中秋日，王禹偁作《黄州新建小竹楼记》一文，记下了他在黄州生活时弹琴的情形。黄州也就是现在的黄冈，地处湖北省。湖北黄州当时出产竹子，竹工破开竹子剃去其中的竹节，来代替泥土烧制的瓦，盖在屋顶，这样的房子称为"竹楼"。王禹偁被贬黄州后就建了两间这样的小竹楼，在黄冈城的西北角。竹楼周围荒无人烟，杂草丛生，与月波楼相接。站在竹楼上向远处眺望，湖光山色尽收眼底，幽静而辽远。在夏天，若遇到下急雨，雨水从屋檐落下来的声音听起来像瀑布声。若遇到冬天下大雪，屋顶上雪落下来的声音听起来像玉石碎裂的声音。这样情景当然适宜弹琴，琴声和畅；也适宜吟诵诗歌，吟诗声高而美妙；也适宜下围棋，棋子敲击棋盘声丁零作响。

《黄州新建小竹楼记》："黄冈之地多竹，大者如椽。竹工破之，刳去其节，用代陶瓦，比屋皆然，以其价廉而工省也。子城西北隅，雉堞圮毁，榛莽荒秽，因作小楼二间，与月波楼通。远吞山光，平挹江濑，幽阒辽夐，不可具状。夏宜急雨，有瀑布声。冬宜密雪，有碎玉声。宜鼓琴，琴调和畅。宜咏诗，诗韵清绝。宜围棋，子声丁丁然。宜投壶，矢声铮铮然。皆竹楼之所助也……咸平二年八月十五日记。（《小畜集》卷十七）

王禹偁办完公事回来，披着用鸟羽绒织成的大氅，头戴华阳巾，手里拿着一卷《周易》，点着香，面对香炉不出声地端

坐，消除心中那些世俗之念。眼前除江流、山峦之外，只有竹林和野树、如烟的云和沙洲上的鸟儿。等到茶炉的烟气渐渐消散，便送走了夕阳，迎来了月夜……这就是王禹偁在谪居之地黄州时生活的景象及人生状态，他在竹楼里弹琴、吟诗、读书、下棋，心中颇有对现实世事的失意之感，竹楼也给他带来了短暂的安宁与美好。

咸平三年（1000）十月二十一日，王禹偁贬谪黄州期间，他"以琴书诗酒为娱宾之地"与高僧、道士一起弹琴交友。

《无愠斋记》：古人三仕无喜色，三已之无愠色，某在先朝自左司谏知制诰，左迁商州团练副使，又自翰林学士出知滁上。今天子即位，自尚书刑部郎中知制诰，出守齐安，到郡之明年作书斋于公署之西，偏因征古义以无愠为名，后之人治是郡者，公退之暇，当以琴书诗酒为娱宾之地，有余力则召高僧道士煮茶炼药，可矣……三年十月二十一日记。（《小畜集》卷十七）

在贬谪黄州期间，王禹偁还作有《月波楼咏怀》："棋枰留客坐，琴调待僧抽。"《仲咸以多编成商于唱和集以二十韵诗相赠依韵和之》："夜阁调琴月，秋堂煮茗烟。"等。（《小畜集》卷六）可见，王禹偁在贬谪时期常与琴相伴。

也正是在咸平三年（1000），王禹偁著《小畜集》30卷成书。该文集收录王禹偁所作与古琴有关的诗歌文论共36首（篇），这在宋代初期是作琴诗比较多的一位文人士大夫。王禹偁在《小畜集》中所收录的琴诗，如《遣兴》："贫有琴书聊自乐，贵无功业未如闲。"《闲居》："何必问生涯，幽闲度岁华。有琴方是乐，无竹不成家。"《自宽》："晓发静梳微霰落，夜琴闲拂古风残。会须归去沧江上，累石移莎拥钓滩。"《病中书事上集贤钱侍郎》："罗药幽香散，移琴细韵生……一榻浑无物，孤琴对病容。"《投柴殿院》："犬声销巷陌，莺舌动笙簧。冷句题秋叶，孤琴贮夜囊。"《寄毗陵刘博士》："毗陵古郡接江堧，赴任琴书共一船。"等等。（《小畜集》卷四、卷十、卷十一）

王禹偁（954—1001）

王禹偁一生历经宋太祖、宋太宗和宋真宗三朝。从他对古琴的阐述来看，他虽没有像同时期文人崔遵度那样对古琴做专门研究，但古琴与他的生活是联系在一起的，古琴对他的人生是非常重要的，这也反映了宋初文人与古琴的密切关系。王禹偁的琴诗对宋初古琴思想研究有比较重要的价值。例如，上文《闲居》中"有琴方是乐，无竹不成家"等诗句说明，他认为有琴才能称得上是音乐，有琴的参与才能成为音乐。这与同时期崔遵度的"天地之和，莫先于乐。穷乐之趣，莫近于琴。"和柳开的"乐之中，琴为贵"的观念是一致的。这是宋代初期儒家正统观念对古琴的定位，反映了这一时期古琴在音乐（雅乐）中正统地位的恢复。

王禹偁与友人送别时，古琴常伴随左右。其在《送朱九龄》中曰："解印无余赀，舟中只琴筑……又说东南行，秋风江水渌。"《和陈州田舍人留别》："茶烟静拂听琴鹤，谷雨轻笼锄麦人。"《和仲咸诗六首之六和送道服与喻宰》："朝客吟诗送羽衣，应知彭泽久思归。三年官满谁留得，领鹤携琴赋式微。"在王禹偁与朋友的书信往来及平时日常相处中，古琴常常是交流的主要内容。《寄献润州赵舍人》："琴院坐听江寺磬，郡楼吟见海山霞。春园遗母亲烧笋，夜榻留僧自煮茶。"《赠采访使阊门穆舍人》："步武思龙尾，琴书在鹢舟。听泉调玉轸，拂石试银钩。"《和郡僚题李中舍公署》："树影池光映晓霞，绿杨阴下吏排衙。闲拖屐齿妨横笋，静拂琴床有落花。"《贺将作孔监致仕》："朝请罢来频典笏，田园归去只携琴。焚香静院当山色，晒药空庭避竹阴。"《寄郓城萧处士》："庭园纵窄犹栽药，活计虽贫不卖琴。应笑区区未名客，九衢尘土满衣襟。"（《小畜集》卷四、卷七、卷九、卷十一）其中，《寄郓城萧处士》这首诗真实地反映了古琴与王禹偁一生的关系，他收藏琴谱，无论物质生活多么贫瘠，从不会放弃自己心爱的古琴。朝退后、闲居时、生病时、沉思之时，都有古琴相伴身边。

崔遵度（954—1020）

崔遵度，字坚白，北宋官员、古琴家。崔遵度一生历经宋太祖、宋太宗、宋真宗三朝，他的官宦生涯丰富，在古琴方面的造诣颇深，是宋代初期重要的琴家。其所著的《琴笺》，是宋代第一部琴学理论专著。崔遵度也是目前史料所见宋代第一位留下琴学专著的文人士大夫。北宋初期的琴学理论、演奏技法及古琴美学思想都集中于崔遵度的《琴笺》，代表着这一时期该领域的发展水平。崔遵度古琴弹奏技艺精深，王君玉在《国老谈苑》卷一中曰："崔遵度为太子谕德，性方正清素，尤精于琴。"崔遵度将琴艺传给唐异、范仲淹、善升、郑文宝等一批优秀的学生。他对古琴有独到、深刻的见解及审美思想，明确提出了"清丽而静，和润而远"的古琴美学思想，对宋代古琴文化的发展起到重要作用。

朱长文的《琴史》收录崔遵度，并着重记录了崔遵度《琴笺》的内容。

崔论德，字遵度，进士擢第，践历右史恬于势利，口不言是非。仁宗以寿春开府，有诏宰相择耆德学术之士，被命为王友。东宫建以为谕德卒，官谕德，善鼓琴，得其深趣，尝谓颐天地之和，莫先于乐。究乐之趣，莫近于琴。乃作《琴笺》以见其意焉。世之传琴者，必曰长三尺六寸象期之日，十三徽象期之月，居中者象闰，前世未有辨者。至唐协律郎刘贶以乐器配诸节候，而谓琴为夏至之音。至于泛声，卒无述者，愚尝病之。因张弓附案，泛其弦而十三徽声具焉，况琴瑟之弦乎！是知非所谓象者，盖天地自然之节耳，又岂止夏至之音而已。夫《易》

崔遵度（954—1020）

有太极，是生两仪。两仪者，太极之节也；四时者，两仪之节也；律吕者，四时之节也；昼夜者，律吕之节也；刻漏者，昼夜之节也。节节相援，自细至大而岁成焉。既不可使之节，亦不可使之不节，气之自然者也。气既节矣，声同则应，既不可使之应，亦不可使之不应，数之自然者也。（《琴史》卷五）

从以上这条史料可以看出，《琴笺》分析了乐器、乐理、乐情，阐述了古琴十三个徽位的用法，否定了有人将其附会为十二月、十二律的谬说。尤其是他对琴谱中十三徽在古琴上的和弦调配、演奏技法、心灵感应等方面的表述具有自己独特的见解。比如，为了达到弦尽而音不灭的效果，崔遵度指出六根琴弦相互呼应的方法："一必于四，二必于五，三必于六。"他将这种音乐理论与演奏操作紧密结合，填补了在这之前音乐著作方面的空白。正如崔遵度自己所说，作《琴笺》是为改变音乐著作"苟其缺"的状况。《琴笺》中有关琴的理论的关键词是"自然之节"（徽位），这一点体现了崔遵度从古琴本身的规律出发探讨古琴，他的琴学思想为之后的沈括、徐理、朱熹等人所继承和发展。

在古琴音乐思想方面，崔遵度主张"天地之和，莫先于乐。穷乐之趣，莫近于琴。"这几句话表明了古琴与音乐的美学关系，反映了宋代初期的儒家音乐观。古琴在音乐中是占正统地位的，这与同时期柳开、王禹偁、黄休复等人主张的思想观点一致。《宋史》也记载了崔遵度将《易》与古琴结合起来进行研究："朝退，默坐其上，弹琴独酌，翛然自适……遵度性寡合，喜读《易》，尝云：'意有疑，则弹琴辨其数，筮《易》观其象，无不究也。'"（见《宋史》卷四四一，列传第二百，文苑三）

《渑水燕谈录》（卷二）描述了崔遵度对琴的专注程度，妻儿很少和他见面，高度评价了崔遵度的琴德。"琴德尤高，尝著琴静室，往往通夕，妻、子罕见其面。"《玉壶清话》（卷一）载："太宗诏宰臣：'为朕选端方纯明，有德学，无过阙臣僚二人为王

友.'……善琴，得古人深趣，著《琴笺》十篇。鸣琴于室，妻子殆不得见，通夕只闻琴声。"这段史料中的"王友"即指王之师友，宋太宗选择的两位师友中有一位是古琴家崔遵度，这从侧面说明了崔遵度的琴艺、琴德深受太宗皇帝的肯定和欣赏。

赵湘（959—993）

赵湘，字叔灵，祖籍南阳，居衢州西安（今浙江衢州），宋代诗人，其诗风骨苍秀。宋太宗淳化三年（992）进士，授庐江尉。赵湘是赵抃的祖父。

赵湘对古琴、筝等乐器及音乐有着自己的感受和理解，体现在他的《观王岩弹筝序》一文中，他认为古琴的声音能反映出人心，人的心灵真诚则音雅和。雅正之音，在人心而不在乐器本身。

赵湘《观王岩弹筝序》：淳化三年，湘始作尉潜溪，明年夏五月，事稍闲一日，同僚者挈酒登邑之南亭，以避烦毒四顾晴爽熏风。时来有王岩者，实金陵人，末至而居客之右，观其貌则脱，略视其神则非俗……自初而终且为瑟声，似非秦弦也。爱而问之，则舍器而作，对曰：某之志始在琴、瑟也，幼能学琴，逮成人遇秦弦或试调弄调之则心存乎？雅正由是，至于和往往离部之曲作，操弄宛尔琴瑟之道，如是亦使人不荡其心，不淫其志，无凝滞之想。呜呼！邪正之音，果在乎人不在乎器也！岩之志本雅，虽手因乎秦弦而心存乎焦桐，夫岂异乎在庄墨之教而好周公孔子之道，居蛮貊之国而乐忠信礼乐之事，苟手存乎焦桐，心存乎秦弦，又岂异乎？……湘爱岩异于众，因书实而为序。（《南阳集》卷四）

《南阳集》中收录了赵湘琴诗16首，从这些诗文中可以看出，赵湘对古琴、筝等乐器有独到的见解，在他的生活中常与古琴相伴。第一，古琴常出现在他与朋友的交流及送别之时，如《送刘熙》："听蝉临水别，闻雨抱琴归。鬓发各疑短，天涯

相见稀。"《赠何明府》："锁印秋山入，移琴夜雨来。试茶还扫叶，买树亦和苔。"《秋日过吴侃幽居》："细雨经烟尽，微阳到菊深……欲去还留宿，窗边月照琴。"《春日宿信安张明府厅》："床头藓色虽连月，池底花阴更杂星。梧叶乍题无物污，蜀琴微响有风经。"第二，古琴也是赵湘自娱自乐、独处时的精神寄托，无论是在秋季还是雨夜，弹琴总能带给他心灵的抚慰。例如，《自乐》："洗池秋得月，移菊夜栖萤。古意怜琴淡，新题喜病醒。"《秋夕旅馆言事》："梧桐自管秋来雨，蟋蟀谁妨夜后人……江边但厌携琴去，明月西风满路尘。"《书韩山人壁》："常时具馔多餐药，偶夜听松不弄琴。雨后看苔连井口，秋来见月到池心。"（《南阳集》卷二、卷三）

魏野（960—1020）

魏野，字仲先，号草堂居士，原为蜀地人，后迁居陕州东郊（今河南陕县），北宋诗人、隐士。其诗多吟咏陕州风土人情、田园山水，诗风清淡朴实。他世代为农，自筑草堂於陕州东郊，一生乐耕勤种，亲手植竹栽树，凿土引泉，将所居草堂周围环境布置得景趣幽绝，常在山水泉林间弹琴赋诗，徜徉其中。他一生清贫，却又不随波逐流，为后人称道。魏野去世后，皇帝下诏旌表，称他"陕州处士"，追赠其为秘书省著作郎。他居住过的草堂山庄被誉为陕州八景之一——"草堂春晓"。

魏野常与友人在一起雅集弹琴，联句作诗。魏野与友人的这种交流非常多，地点有时在他的朋友用晦的寺院，有时在魏野自己的草堂。《宿王辟宅与王专泊用晦上人因成联句》："夜浅月未生，春寒雪犹在（辟）。吴僧携古琴，来与山人会（专）。诗心有是非，禅话无慷慨（野）。"用晦是北宋时期江东琴僧，他与魏野志趣相投，常有往来。魏野在诗中也曾多次谈及他与用晦的友谊，他在写给用晦的书信中，回忆两人一起弹琴的情形，弹琴时思念知己，字里行间蕴含着两人相互之间亲密无间的深厚友谊。

魏野《寄用晦上人》："诗中琴里偏相忆，用晦还应信仲先。"《宿晦上人房》则讲述他有一次夜宿用晦家，用晦为他弹奏琴曲"薰风"的情形："野客访琴僧。夜午月又午。为我弹薰风，似听重华语。"魏野还作有《依韵和酬用晦上人见题所居》："雨来石室琴先觉，春去松庭鹤不知。"这些琴诗都体现了魏野和友人通过古琴来传递珍贵的友谊。

宋太宗淳化五年（994）八月二十四日，魏野与友人用晦、王衢等人雅集聚会，联句琴诗一章，共64句。魏野《淳化五年秋八月二十四日钜鹿魏野江东僧用晦赵郡李识登解城琅玡王衢命联句诗一章凡六十四句请题于是》："白云闲不动，飞鸟忽相逆。平莎类裀褥，远籁当琴瑟。"（《全宋诗》第2册，第967页）

宋真宗咸平二年（999）六月，魏野与友人臧奎、陈越会宿河亭，赋诗弹琴。臧奎，生卒年不详，地方官员。陈越（973—1012），文人士大夫。对此次三人相聚所对联句，作《夏夜与臧奎陈越会宿河亭联句三十韵》："良朋俱远来，文会一何悦（"悦"指陈越）。箕踞巾舄闲，玩好琴樽列（"列"指魏野）。"（《东观集》卷十）

魏野与臧奎是知己，两人交好，常在一起弹琴，魏野曾作诗《送臧奎赴举》："剑如机不用，琴似影相随。"魏野还作有《寄友人臧奎》："知己念不见，块然何为生……兹怀若为写，援琴不成声。"（《东观集》卷二）这首诗则表达了魏野对臧奎深深的思念，可见他们之间深厚友情的传递从未离开过古琴，反映了宋代文人隐士之间弹琴交友的情形。

宋真宗大中祥符四年（1011）三月甲戌朔，宋真宗西祀汾阴，遣陕令召魏野，魏野辞疾不至，拒为权贵弹琴。（《宋史》卷四五七《隐逸传上·魏野传》）北宋初期的黄延矩、曹信、李渎等文人隐士都曾拒绝为官员弹琴，这从侧面反映了宋代琴家只为遵从自己的内心而抚琴的一种价值观。古代典籍对魏野拒为权贵弹琴一事的记载多达数十部，说明这种价值观在古代文人士大夫中备受推崇。《古今诗话》云："章圣幸汾阴，回望林岭间。亭槛幽绝意，非民俗所居。时魏野方教鹤舞，俄报有中使至，抱琴逾垣而走。"（《诗林广记》后集卷九）《莱公访隐》曰："章圣幸汾阴，回望林岭间亭槛幽绝，意非民俗所居。时魏野方教鹤舞，俄报有中使至，抱琴踰垣而走。"（见《古今事文类聚》前集卷三十三）文中的"寇莱公"即寇准，当时中书侍郎兼工部尚书寇准被罢京官谪陕州任知州时，曾亲自拜访魏野。这时魏野已年近五十，早已看透世态炎凉，他赠诗劝寇准："好去上天辞将相，归来平地作神仙。"

《诗话总龟》对该事件的载录有两处，分别是卷一和后集卷十九。《诗话总龟》后集卷十九："处士魏野，字仲先，陕州人，居于东郊架草堂，有水竹之胜，好弹琴，作诗清苦，多闻于时，前后郡中皆所礼遇。上祀汾阴，召之，辞疾不至。"这则史料也让我们了解到了魏野"好弹琴"，居于水竹之间的草堂，平时的生活闲适，作诗、弹琴是他的生活常态，虽清贫，但自适其乐，当时已闻名。

《绀珠集》卷五："真宗祀汾阴，登山望林麓中有亭槛，问曰：何所？乃隐士魏野草堂。遣使往召之。野方鼓琴教鹤舞，闻使至，抱琴逾垣遁去。使闻，上甚叹美之。"宋真宗对魏野"抱琴逾垣"的态度，非但未有责备处罚，更是对其"甚叹美之"。

《宋史》卷四五七《隐逸传上·魏野传》则对魏野的生平做了较为详细的梳理，对宋真宗祀汾阴召见魏野一事的记载与其他典籍不同。当时，魏野上言宋真宗时说了一段话，这段话是别的古籍所未记载的，在这段话中，魏野表达了自己追求躬耕于野、吟诗于田的隐居生活的心愿。宋真宗则"诏州县长吏常加存抚，又遣使图其所居观之"。

魏野以诗人、隐士、居士的身份留下多首与古琴相关的诗作，他的文集《东观集》收录了他所作琴诗多达32首。从这些诗歌中可以感受到，古琴是魏野生活中不可缺少的一部分。在魏野逍遥闲暇的时光中，古琴无时无刻不在。比如，《赠长安知县陈尧佐》："少作长安宰，寻常似隐夫。琴书家惯有，杖印客疑无。"《寄赠华山致仕韩见素》："琴怜徽外声弥澹，酒爱篘中味更醇。"《送徐道士赴阙》："瓢知空似性，琴想重于身。卧必思云切，行应待鹤频。"《谢孙状元寒食见赠》："读留寒食烛，

拜换道家衣……闲思播琴里，谁更会玄微。"（《东观集》卷一）

魏野出游时，古琴是必备之物，比如《和酬李殿院以野将游吴蜀二首》一诗便呈现了他携古琴游吴蜀的情形："携得筇枝背得琴，欲浮蜀浪陟吴岑……出似蓬飘宁免醉，住如匏系不妨吟。"（《东观集》卷一）

在受到魏野耳濡目染的熏陶下，他的妻子和儿子也对古琴有所了解和感悟。《四十自咏》："棋退难饶客，琴生却问儿。手慵农器信，身散道装知。"《和宗人见寄》："妻识琴材料，童谙鹤性灵。远山延颈望，疏竹枕肱听。"（《东观集》卷二、卷六）

除了弹琴自娱自乐，熏陶家人之外，魏野与古琴另一方面最重要的内容便是与他的文人士大夫、僧人、道士及隐士朋友之间的雅集交游、书信交往及表达对友人的思念。《东观集》收录此类琴诗约 15 首，如《上左冯陈使君》："书容吾道借，琴听越僧弹。"《留题沪川姚氏鸣琴泉》："琴里休夸石上泉，争如此处听潺湲。爱于琴里无他意，落砌声声是自然。"《秋夜与陈孟话别》："草堂灯暗雨萧萧，欲话分携重郁陶。何事琴中犹怨切，凄凉调里鼓离骚。"《和孙虞部见赠》："灯下吟三复，琴中鼓数回。"《值雨宿谔师房》："信步闲游处，妨归路岂赊。因琴避山寺，和鹤宿僧家。"《和冯亚见赠》："松篁为活计，琴酒是良朋。除却君酬唱，他人亦懒能。"《别同州陈太保》："离声无歌钟，行色有霜雪。去矣当复来，琴弦未欲绝。"（《东观集》卷一、卷二、卷三、卷四、卷五、卷六、卷十）

黄休复（生卒年不详）

黄休复，生卒年不详，约活动于北宋咸平之前，字归本，北宋蜀人（今四川），晚唐至宋初琴师。据周广骞《黄休复〈茅亭客话〉研究》（聊城大学硕士论文，2015）一文推测，黄休复生年约公元948年，卒年约在公元1020—1030年之间，享年70余岁，生活于北宋前期。黄休复一生隐居不仕，通《春秋》学，兼精画学，收藏甚富，景德年间（1004—1007）著《益州名画录》三卷，并有小说《茅亭客话》十卷行世。他与当时四川文人张及、李畋及画家孙知微、童仁益等是好朋友。黄休复对古琴的鉴赏以及古琴曲的演奏也很精通，他曾曰："琴则有操、引、曲、调及弄，弦则有歌诗五曲，一曰《伐檀》，二曰《鹿鸣》。"

宋真宗咸平年间（998—1003），眉州知州冯知节召文人孙知微作画、黄延矩弹琴，被二人拒绝。二人常会于黄休复所住的茅亭弹琴，张及作诗赞颂黄休复品格。

黄处士名延矩，字垂范，眉阳人也。少为僧，性僻而简。常言家习正声，自唐以来，待诏金门，父随僖宗入蜀，至某四世矣。琴最盛于蜀，制斫者数家，惟雷氏而已。又云："雷氏之琴，不必尽善，有瑟瑟徽者为上，金玉者为次，螺蚌者亦又次焉。"……咸平中，知州冯公知节召孙知微画，俾处士弹琴，二公俱止僧舍。尝会愚茅亭，进士张及赠之诗曰："二公高节厌喧卑（笔者按：补"卑"，原文误，据《宋诗纪事》），同寄萧宫共展眉。玉树冰壶齐品格，野云皋鹤本追随。泉流指下何人赏，岳峭毫端只自知。绻恋贤侯美风教，故山归去尚迟迟。"（《茅亭客话》卷十）

范仲淹（989—1052）

范仲淹，字希文，祖籍邠州，后移居苏州吴县（今属江苏苏州）。北宋名臣，杰出的思想家、政治家、文学家、教育家，谥号"文正"。范仲淹文武兼备，政绩卓著，文学成就突出。他工于诗词散文，所作的文章极富政治内容，文辞秀美，气度豁达，有《范文正公文集》传世。他倡导的"先天下之忧而忧，后天下之乐而乐"思想和仁人志士节操对后世影响深远。范仲淹喜好弹琴，然平日只弹《履霜》一曲，故时人称之为"范履霜"。范仲淹在年少之时开始学琴于崔遵度，后来师从唐异，求学时随身"佩琴剑"，认真学习古琴，经常与琴僧、道士及琴友一起赋诗弹琴，交流琴艺。

宋真宗景德元年（1004），范仲淹的继父朱文翰任淄州长史，16岁的范仲淹侍父游学于淄州颜神镇（今淄博市博山区）秋口。在淄州游学期间，范仲淹与朱文翰好友崔遵度相识，拜崔遵度为师习琴，还立下了将来"不为良相便为良医"的志向。后来，人们在此地修建了范文正公祠和范泉书院。（参见中国范仲淹研究会网站"范仲淹年谱"）

崔遵度为太子谕，德性方正清素，尤精于琴，尝著《琴笺》。以天地自然有十二声徽，非因数也。范仲淹尝问琴理于遵度，对曰："清丽而静，和润而远，琴书是也。"（《国老谈苑》卷一）

年少的范仲淹学习古琴认真、严谨、好学，"清丽而静，和润而远"体现了崔遵度对古琴音乐风格所追求的审美原则，对崔遵度"清丽而静，和润而远"的理解，范仲淹认为，好的琴

音应该是清而不躁，和而不佞，讲究的是一种中和之道。他在《与唐处士书》一文中提道："思而释曰：清厉而弗静，其失也躁。和润而弗远，其失也佞。弗躁弗佞，然后君子，其中和之道欤！"（《范文正集》卷九，又见《全宋文》第 18 册，第 298～299 页）

宋真宗大中祥符元年（1008），范仲淹 20 岁，由山东长山远赴长安游学，增广见识，结识琴友。随后，他便在关中结识了隐士王镐，两人"倚高松，听长笛"。后来，他又认识了道士周德宝和屈元应，其中周德宝精于篆刻，屈元应则对《易》有研究，四人皆琴艺高超，便成了好朋友。后来，范仲淹在 57 岁时作了《鄠郊友人王君墓表》一文，回忆这一年和几位琴友交游的情景："周精于篆，屈深于《易》，且皆善琴。"（《范文正集》卷十四）

在淳化元年（990）范仲淹 2 岁时，父亲范墉因病卒于任所，母亲谢氏贫困无依改嫁淄州长山人朱文翰，年幼的范仲淹跟随母亲改嫁到朱家。大中祥符四年（1011），范仲淹因一次偶然事件得知自己原是苏州范家之子，多年来一直靠继父的关照度日。范仲淹得知自己的身世后深感苦楚，毅然含泪辞别母亲，身带一琴一剑离开长山前往南都应天府（今河南商丘）求学。自此，琴已成为他随身携带之物和身份标志。

（大中祥符）四年辛亥年，二十三询。知世家感泣去之，南都入学舍扫一室。昼夜讲诵，其起居饮食，人所不堪。而公自刻益苦，按家录云：公以朱氏兄弟浪费不节，数劝止之，朱兄弟不乐曰："我自用朱氏钱，何预汝事？"公闻此，疑骇有告者曰："公乃姑范氏子也。"太夫人携公适朱氏，公感愤，自立决。欲自立门户，佩琴剑，径趋南都谢夫人，亟使人追之。（楼钥《范文正公年谱》）

也是这一年，范仲淹在应天府书院求学期间作琴诗《睢阳学舍书怀》，写下"白云无赖帝乡遥，汉苑谁人奏洞箫。多难

未应歌凤鸟，薄才犹可赋鹡鸰。瓢思颜子心还乐，琴遇钟君恨即销。但使斯文天未丧，涧松何必怨山苗。"的诗句。(《范文正集》卷三)可见，在此期间范仲淹虽然生活艰苦，但诗书琴画，也乐在其中。

宋仁宗天圣九年(1031)，范仲淹调任陈州通判。这年秋天，范仲淹听当地一位高僧真上人弹琴，作琴诗《听真上人琴歌》。

范仲淹《听真上人琴歌》：银潢耿耿霜棱棱，西轩月色寒如冰。上人一叩朱丝绳，万籁不起秋光凝。伏羲归天忽千古，我闻遗音泪如雨。嗟嗟不及郑卫儿，北里南邻竞歌舞。竞歌舞，何时休，师襄堂上心悠悠。击浮金，戛鸣玉，老龙秋啼苍海底，幼猿暮啸寒山曲。陇头瑟瑟咽流泉，洞庭萧萧落寒木。此声感物何太灵，十二衔珠下仙鹄。为予再奏南风诗，神人和畅舜无为。为余试弹《广陵散》，鬼物悲哀晋方乱。乃知圣人情虑深，将治四海先治琴。兴亡哀乐不我遁，坐中可见天下心。感公遗我正始音，何以报之千黄金。(《范文正公集》卷二)

从诗中可以感受到，范仲淹听琴时的情感非常投入、专注，泪如雨下。这位琴僧为他弹奏了多首古曲，其中也包括《广陵散》。可以认为，在这首诗中，范仲淹以一位知音的角色，声情并茂地描绘了真上人弹奏的琴曲。"乃知圣人情虑深，将治四海先治琴。兴亡哀乐不我遁，坐中可见天下心。"范仲淹认为，治琴与治国的关系密切，弹好琴就能治理好国家，因为琴音是一个人内心的观照。治乐同治世，治乐尤治心。这是范仲淹所推崇的音乐观念及古琴思想。这首诗同时也反映了他当时作为一位被贬之臣，作为一位政治家的博大胸怀。

据陆游《老学庵笔记》记载，范仲淹所弹琴曲的内容，只有《履霜》一首。因此，范仲淹又被称为"范履霜"。"范文正公喜弹琴，然平日止弹《履霜》一操，时人谓之范履霜。"(《老学庵笔记》卷九)

范仲淹（989—1052）

宋仁宗景祐元年（1034）正月，范仲淹因上疏谏止废黜郭皇后，触怒龙颜被宋仁宗贬往睦州（今浙江建德），在睦州建严子陵祠（后扩建为钓台书院），范仲淹作《与晏尚书书》，对他的朋友章岷弹古琴倍加赞赏。

范仲淹《与晏尚书书》：春之昼，秋之夕，既清且幽，大得隐者之乐，唯恐逢恩，一日移去，且有章、阮二从事，俱富文能琴，凤宵为会，迭倡交和，忘其形骸。郑声之娱，斯实未暇。（《严陵集》卷八）

这是范仲淹在他的仕途生涯中第二次遭受贬谪，当年他四十六岁。在贬谪睦州的这段时间里，范仲淹优游于泉石山水之间。他在致恩师晏殊的信中表达了对朋友章岷的赞赏，也表达了他对新安江畔的宦游感到心醉神迷。章岷，字伯镇，宋天圣五年（1027）进士，章岷调任睦州之后，常与范仲淹一同出游，弹琴喝茶，赋诗相唱和，他们的友谊延续了一生。

释文莹的《湘山野录》记载了范仲淹谪知睦州途中发生的一件与音乐相关的事情。范仲淹经过严陵祠之时，遇到吴地民间举办的祭祀活动——唱《满江红》曲。范仲淹便创作了一首七言绝句以送神，此曲在吴地民间一直被传唱。（《湘山野录》卷中）

宋仁宗皇祐元年（1049），天竺山日观庵善升禅师入寂，范仲淹为日观大师撰写碑铭塔记，表彰大师的德行，作《天竺山日观大师塔记》，追忆大师弹琴事迹。

范仲淹《天竺山日观大师塔记》：师，钱塘人也，姓仲氏，名善升……师深于琴，余尝听之，爱其神端气平，安坐如石，指不纤失，徽不少差，迟速重轻，一一而当。（《范文正集》卷七）

宋仁宗皇祐年间（1049—1054），范仲淹在青州城西南洋溪湖醴泉修筑凉亭，被后人称为"范公泉"，从那时起，幽人逋客经常来这里赋诗鸣琴。

《渑水燕谈录》卷九：皇祐中，范文正公镇青，兴龙僧舍西南洋溪中有醴泉涌出，公构一亭泉上，刻石记之。其后青人思公之德，名之曰范公泉……自是，幽人逋客，往往赋诗鸣琴，烹茶其上，日光玲珑，珍禽上下，真物外之游，似非人间世也。

宋仁宗皇祐四年（1052），范仲淹卒。《范文正集》中收录了范仲淹所作与古琴相关的诗文28首。例如，《赠都下隐者》："梅福隐市门，严平居卜肆。乃知神仙徒，非必烟霞地……兰芳披幽径，琴樽在小舟。"《和杨畋孤琴咏》："欲弹换朱丝，明月当秋汉。我愿宫商弦，相应声无间。自然召南风，莫起孤琴叹。"《和韩布殿丞三首其二·琴酒》："弦上万古意，樽中千日醇。清心向流水，醉貌发阳春。"《送向综国博通判桂州》："欲知明主意，将慰远人心。岁计多藏药，舟行不废琴。"《赠吴秀才》："携琴又入庐山去，谁信朱门有逸人。"《斋中偶书》："忘忧曾扣易，思古即援琴。此意谁相和，寥寥鹤在阴。"《鸣琴》："思古理鸣琴，声声动金玉。何以报昔人，传此尧舜曲。"（《范文正集》卷一、卷三、卷二十）

朱长文的《琴史》收录了范仲淹，叙述了范仲淹学习古琴的经历及他对古琴的审美认识，并对范仲淹弹琴做出了很高的评价。

范文正公仲淹，字希文，少有经国致君之志，学必师古。闻唐异善琴，与书曰：盖闻圣人之作琴也，鼓天下之和而和天下，其为道大矣乎！暴秦之后，礼乐失叙，吁嗟乎！琴散已久，后之传者，妙指美声，巧以相尚，丧其大，矜其细，人以艺观焉。皇宋文明之运，宜建大雅，东宫故谕德崔公其人也。得琴之道，志于斯，乐于斯，垂五十年，清静平和，性与琴谐。著《琴笺》，而自然之义在矣。尝游于门下，一日请曰："琴何为是？"公曰："清厉而静，和润而远。"某拜而退，思而释之曰：清厉而弗静，其失也躁；和润而弗远，其失也佞。不躁不佞，其中和之道欤？一日又请曰：今之能琴，谁可与先生和者？

范仲淹（989—1052）

曰：唐处士可矣！其拜而退，美而歌曰：有人焉，有人焉！且将师其一二，属远仕千里，未获所存，今复选于上京，崔公既没，琴不在于君乎？君将怀其意，授之一二，使得操尧舜之音，游羲皇之域其赐也，岂不大哉？又先生之琴传，传而无穷，上圣之风存，存乎盛时，其旨也，岂不远哉？诚不敢助南熏之诗，以为天下富寿，庶几宣三乐之情，以美生平而可乎？公之好琴如此，盖君子之于琴也。发于中以形于声，听其声以复其性，如斯可矣，非必如工人务多趣巧以悦于人也。故文正公所弹虽少而其得趣盖深矣。道直才周，为本朝全德大老。云族孙世京颇好琴，其操行亦完洁，任至秘书丞。"（《琴史》卷五）

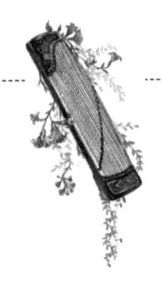

唐异（生卒年不详）

唐异，字子正，宋代余杭人，隐士。工书画、擅吟诗，尤精于琴艺，为范仲淹所称赏。唐异与范仲淹两人之间常有唱和，交流琴艺。宋仁宗天圣四年（1026）五月，范仲淹作《唐异诗序》，记载了唐异曾学琴于崔遵度，琴艺受到崔遵度的肯定，并得到当时文人士大夫的敬重。范仲淹还向唐异学习《弦歌》一曲。崔遵度去世以后，范仲淹欲学琴于唐异，又尝为其诗集作序，两人之间的交往非常频繁。

《唐异诗序》："皇宋处士唐异，字子正，人之秀也……而子正之音尝唱和焉，高平范仲淹师其《弦歌》，尝贻之。书曰：崔公既没，琴不在兹乎，处士二妙之外，嗜于风雅，探幽索奇不知其老之将至，一日以集相示俾为序焉……时天圣四年五月日序。"（《范文正集》卷六）

范仲淹还作有《与唐处士书》一文，范仲淹在该文中谈到自己早年学琴于崔遵度，并与唐异切磋琴艺的情形。范仲淹在文中叙述，崔遵度对唐异的琴艺非常肯定，认为在弹琴方面，只有唐异"能与之和"。对此，范仲淹希望自己能拜唐异为师，请他在古琴方面能"授之一二"。

范仲淹《与唐处士书》："一日又请曰：'今之能琴，谁可与先生和者？'曰：'唐处士可矣。'某拜而退，美而歌曰：'有人焉！有人焉！'且将师其一二，属远仕千里，未获所存。今复选于上京，崔公既没，琴不在于君乎？君将怜其意，授之一二，使得操尧舜之音，游羲皇黄之域，其赐也岂不大哉！"（《范文正集》卷九）

唐异的古琴修养得到了范仲淹、林逋、崔遵度等文人雅士

唐异（生卒年不详）

的欣赏，魏野也作诗对唐异这位琴友表达思念。《寄唐异山人》："不见琴书友，相思二十秋。能消几席别，便是一生休。未得云迎步，还应雪满头。何时各携杖，竟去会嵩丘。"（《东观集》卷一）

朱长文的《琴史》收录了唐异以及他弹琴的事迹。"唐处士异，字子正，才艺甚高，肥遁不出。李西台建中，时谓善书，而子正之笔，实左右之。江东林逋亦称墨妙一见，而叹曰：唐公之笔，老而弥壮。崔谕德时谓：善琴，而子正之音，尝唱和焉。高平范公从而师之，尝贻之书曰：崔公既没，琴不在兹乎？处士二妙之外，嗜于风雅，探幽索奇，不知其老之将至，意淳语真不为，愤惋文正公尝称其如此。"（《琴史》卷五）

张先（990—1078）

张先，字子野，乌程（今浙江湖州）人，宋代著名词人，婉约派代表人物，与柳永齐名，擅长小令，亦作慢词。其词含蓄工巧，情韵浓郁，意韵恬淡，意象繁富，内在凝练，于两宋婉约词史上影响巨大。宋仁宗天圣八年（1030）进士，历任宿州掾、吴江知县、嘉禾（今浙江嘉兴）判官。宋仁宗皇祐二年（1050），辟为通判。后以屯田员外郎知渝州，又知虢州。治平元年（1064）以尚书都官郎中致仕，元丰元年（1078）病逝，年八十八岁。张先精通音乐及琴、筝、琵琶等乐器。他与梅尧臣、欧阳修、苏轼是好朋友，时常弹琴聚会，一起交游、弹琴赋诗。

宋仁宗景祐三年（1036）五月二十六，张先与蔡襄、王拱辰、燕肃、孙道滋、薛仲孺等人一起，为欧阳修送别，大家雅集聚会，鼓琴、烹茶、下棋、作诗、击方响。（《文忠集》卷一二五）

苏轼曾于元丰四年作《张子野戏琴妓》一文，记述张子野戏谑杭州艺妓弹琴之事。张先从琴声中听出了筝乐的味道，说明当时的琴曲风格及演奏技艺正处于悄然蜕变之中，反映了古琴与筝这两种乐器艺术风格的不同，带给人们不同的审美感受。

苏轼《张子野戏琴妓》："尚书郎张先子野，杭州人。善戏谑，有风味。见杭妓有弹琴者，忽抚掌曰：'异哉，此筝不见许时，乃尔黑瘦耶？'"（《说郛》卷一百）

宋仁宗嘉祐四年（1059），张先知虢州，宋仁宗嘉祐五年（1060）离任。当时，梅尧臣作《送张子野知虢州先归湖州》一

诗，为张先践行。（见《宛陵集》卷二十一）

宋神宗元丰元年（1078），张先去世。苏轼作《祭张子野文》悼念好友："人亡琴废，帐空鹤唳。"

苏轼《祭张子野文》："子野郎中张丈之灵。曰：仕而忘归，人所共蔽。有志不果，日月其逝。惟余子野，归及强锐。优游故乡，若复一世。遇人坦率，真古恺悌……堂有遗像，室无留嬖。人亡琴废，帐空鹤唳。酹觞再拜，泪溢两眦。"（《东坡全集》卷九十一）

杨亿（974—1020）

杨亿，字大年，建州浦城（今福建浦城县）人。北宋大臣、文学家，"西昆体"诗歌代表作家。宋太宗淳化年间（990—994），赐进士出身，历任著作佐郎、知制诰、翰林学士等，官至工部侍郎。杨亿个性耿介，崇尚气节，为人正直，风骨铮铮。他博览强记，尤长于典章制度，主修《册府元龟》，参修《宋太宗实录》。其著有《西昆酬唱集》《武夷新集》。宋太宗作九弦琴时，杨亿献诗赋颂扬太宗，获太宗嘉赏。

杨亿在宫中上表时奏请对宫廷雅乐中的古琴内容进行调整，《代中书密院请举乐第一表》曰："臣某等言：臣等窃以天子之广孝也。刑四海而加百姓，先王之作乐也……除今者燧火屡迁祥琴在御，三年之制不可以逾，九奏之音无容久废。"《次对奏状》："臣以为在于纪纲之不举，不在于琴瑟之更张。若辩论官材归于相府，即审官之司可废矣。"（《武夷新集》卷十四、卷十六）

宋真宗大中祥符元年（1008），杨亿编《西昆酬唱集》成书，自为序。《西昆酬唱集》《武夷新集》中收录了杨亿所作琴诗19首，从这些琴诗的内容可知，杨亿在生活中时常弹琴，如他在独处之时，在冬天的夜晚，静静抚琴。在他与友人送别之时，在他生病之时，都与古琴相伴。《西昆酬唱集》收录此类琴诗有《此夕》："此夕秋风猎败荷，玉钩斜影转庭柯。鲛人泪有千珠迸，楚客愁添万斛多。锦里琴心谁涤器，石城桃叶自横波。"《初秋属疾》："密雪才高闲赋笔，流波意远托琴丝。离愁尽日吟青案，蠲渴何人寄紫梨。昨夜西楼凉月满，清谈偏忆庾元规。"《夜宴》："凉宵绮宴开，酃渌湛芳罍。鹤盖留飞舄，珠喉怨落梅……巾角弹棋胜，琴心促轸哀。"《直夜》："缭垣峣阙庆云深，画烛熏炉对拥衾。三殿夜签传漏箭，九秋霜籁入风琴。"（《西昆酬唱集》卷上、下）

《武夷新集》中收录此类琴诗有《别聪道人归缙云》（聪送予至别墅）："捣药几怜春漏永，调琴长待夜蟾生。心猿已伏都无念，海鸟相逢自不惊。送别秋郊岂成恨，白云青嶂是归程。"《大理徐寺丞元榆知越州诸暨县》："子山词赋动南朝，近佐名卿掌玉条。治邑还持尘尾柄，携家便泛木兰桡。谢塘春昼偏多思，潘鬓秋风苦未凋。种秫公田供酪酊，弹琴官舍助逍遥……闻道临安有仙穴，莫抛印绶采芝苗。"《冬夜》："香街鼓绝暝烟深，檐近孤釭射宿禽。露井银床霜气冷，琐窗珠网月华侵。初沉远籁闻疏漏，旋拂流尘抚素琴。"《寄章徽君》："水陆都无数舍程，鱼符龟印苦相萦。梦魂长绕龙门坂，姓字终悬月旦评。鲍室清琴应独抚，融樽渌醑共谁倾。"《送僧之大名府谒长城侍郎》（上人能琴善诗）："琴曲谁知流水意，诗篇自占碧云才。庐峰已结白莲社，邺下暂寻铜雀台。仙殿主人偏好事，春风铃阁且徘徊。"《题弟晦所居壁》："制宅何其巧，连山复带溪。芳樽长有酒，嘉树自成蹊。学舍祥鳣堕，歌梁贺燕迷。调琴明月树，系马绿杨堤。"（《武夷新集》卷一、三、五）

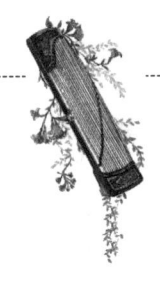

林逋（967—1028）

林逋，字君复，卒谥和靖先生。杭州钱塘人。北宋诗人、隐士。幼时刻苦好学，好古，通晓经史百家。喜恬淡，勿趋荣利。曾漫游江淮间，后隐居杭州西湖，常与高僧、琴友相往来。林逋善绘事，工行草，书法瘦挺劲健，清劲处尤妙。他的诗歌风格澄澈淡远，多写西湖的优美景色，反映隐逸生活和闲适情趣。林逋终生不仕不娶，以湖山为伴，唯喜植梅养鹤，自谓"以梅为妻，以鹤为子"，人称"梅妻鹤子"。

宋真宗大中祥符五年（1012），林逋隐居西湖，声名上闻朝廷，真宗闻其名，下诏赐粟帛，并诏告府县存恤之，杭州地方官岁时劳问。逋虽感激，但不以此骄人。人多劝其出仕，均被婉言谢绝同，自谓："然吾志之所适，非室家也，非功名富贵也，只觉青山绿水与我情相宜。"明代田汝成的《西湖游览志余》在描述宋代杭州城繁盛的相关记载中，提到林逋隐居生活与古琴关系是非常密切的。

和靖虽隐居，而亦以豪放玩世，故当时颇有不足之者，其诗云："道着权名便绝交，一峰春翠湿衡茅。庄生已愤鸱鸢赫，杨子休讥螺蚁嘲。潏潏药泉来石窦，霏霏茶霭出松梢。琴僧近借南薰谱，且并闲工子细抄。"（《西湖游览志余》卷八）

林逋隐居杭州西湖，与古琴为伴，闻名于世。《西湖游览志余》（卷十）曰："陈文惠公述古守杭州，《杭州喜江南梅度支至二首》：'淡薄交情老更浓，为君弹瑟送金钟。苎罗香径无人到，姑射仙姿在处逢。鸾鹤品流惭晚达，烟霞门户忆先容。公余莫放西湖景，步步苍苔岸岸松。公望当年最得君，画图城郭喜同

群。门前碧浪家家海,树上青山寺寺云。松下玉琴邀鹤听,溪边台石供僧分。情多景好知难尽,且倒金樽任半醺。'杭州繁盛自前宋时已然,此诗钱唐景物已略尽矣。又题《林处士水亭》诗云:'城外逋翁宅,开亭野水寒。冷光浮荇叶,静影浸鱼竿。吠犬时迎客,饥禽忽上阑。疏篱僧舍近,嘉树鹤庭宽。拂砌烟丝袅,侵窗笋戟攒。小桥横落日,幽径转层峦。好景吟何极,清欢尽亦难。怜君留我意,重叠取琴弹。'"

此段史料收录了北宋大臣陈尧佐两首诗《杭州喜江南梅度支至二首》和《林处士水亭》,以表达宋代杭州的繁盛,也从侧面说明了古琴在当时杭州城的盛行。陈尧佐(963—1044)(即此段史料的"陈文惠公"),字希元,号知余子,阆州阆中人,北宋大臣、水利专家、诗人。宋代的杭州有古琴的点缀,显得更加动人。从《林处士水亭》中的"城外逋翁宅,开亭野水寒。""怜君留我意,重叠取琴弹"得知,林逋在西湖隐居数十年,他与琴为伴的隐居生活在他自己的诗中反映得淋漓尽致。

范仲淹曾作《寄赠林逋处士》一诗,提及林逋琴不离身的情形:"饵莲攀鹤顶,歌雪扣琴身。墨妙青囊秘,丹灵绿发新。岭霞明四望,岩笋入诸邻。几侄簪裾盛,诸生礼乐循。"(《范文正集》卷三)

《林和靖集》中收录林逋的琴诗18首,这些诗大多可以反映出他与古琴相伴的归隐生活。例如,《和运使陈学士游灵隐寺寓怀》:"松门韵虚籁,铮若鸣瑶琴。举目群状动,倾耳百虑沉。按部既优游,时此振衣襟。泓澄冷泉色,写我清旷心。"《园庐秋夕》:"兰杜裛衰香,开扉趣自长……援琴有余兴,聊复寄吟觞。"《闻灵皎师自信州归越以诗招之》:"诗寻静语应无极,琴弄寒声转入微。我亦孤山有泉石,肯来松下共忘机。"《送然上人南还》:"囊携琴谱与诗稿,寄卧船窗一榻深。莫向云中认江树,等闲惊起故园心。"《深居杂兴六首》:"薄夫何苦事奸奸,一室琴书自解颜……多少烟霞好鱼鸟,令人惆怅谢东山。"《湖山小隐》:"岁

课非无秋,家藏独有琴。颜原遗事在,千古壮闲心。"《赠胡明府》:"一琴牢落倚松窗,孤澹天君得趣长……为收牌印教村仆,偶检图书见古方。征足税粮人更静,却揩吟策立秋廊。"(《林和靖集》卷一、卷二、卷三、卷四)

宋仁宗天圣六年(1028),林逋卒。十二月,宋仁宗赐谥"和靖先生",仍赡养他的家人。后世常有人怀念林逋,南宋诗人杨万里访林逋故居,观鹤听琴,品味古人的人生境界,作有《同岳大用抚干雪后游西湖,早饭显明寺。步至四圣观,访林和靖故居观鹤听琴得四绝句时去除夕二日》,曰:"冰壶底里步金沙,真到林逋处士家。未辨寒泉荐秋菊,且将瘦句了梅花。道堂高绝俯空明,上下跻攀取意行。净阁虚廊人寂寂,鹤声断处忽琴声。"(《诚斋集》)宋末元初文人杨公远拜林逋墓地时作有《谒和靖先生墓借斗山韵》一诗:"孤山仙冢草菲菲,姓字留将后世知。遗稿文无封禅事,名家梅有影香诗。只惭老子携琴晚,不见苍头放鹤时。"(《野趣有声画》)

晁迥（951—1034）

晁迥，字明远，澶州清丰（今山东巨野）人，居于汴京（今河南开封）昭德坊。太平兴国年间（976—984）进士。北宋文学家、藏书家。真宗时累官工部尚书、礼部尚书、集贤院学士。晁迥善吐纳养生之术，性乐易宽简，服道履正，历官莅事，未尝挟情害物。晁氏家族以藏书闻名，自晁迥始。家多藏书，自己购买数千卷，抄书数十部。至南宋晁公武时，藏书已达两万余卷。

晁迥在其《昭德新编》中论述了琴心与酒德的关系。《昭德新编》卷上："古人有'琴心酒德'之言，愚谓闲邪纳正，宣和养素，以此为琴之心也。无思无虑，其乐陶陶，以此为酒之德也。二者深趣，诚足多尚。然必因物自娱，可得而言也。至若无所思之，心无所得之。德不假于物而恬愉，美妙不可得而言也。"

晁迥的玄孙晁说之《景迂生集》收录了晁迥所作的琴诗《清风十韵》："仙御来相慰，解颜良会稀。病躅宜养素，趣远欲忘机。惩躁能无渐，延龄或可祈。影摇珠箔细，声泛钿筝微。委恨余班扇，流欢入楚衣。陶潜知梦稳，韩寿畏香飞。气爽苍龙阙，凉生白虎闱。健资鸡距笔，偷撼兽环扉。松下琴心逸，江东鲙缕肥。宿怀真隐处，终约与同归。"

释智圆（976—1022）

释智圆，字无外，俗家姓徐，钱塘（今浙江杭州）人。宋代初期天台宗山外派重要的诗文僧。早年出家受戒于龙兴寺，后隐居西湖孤山，后人称其为"孤山法师"。智圆，除坐禅讲道外，颇爱好儒学，喜作诗文，认为儒释相通。释智圆同时也是一位善弹琴的僧人，作有多首琴诗，他与同样善琴的琴僧日观大师、夷中是好友。释智圆在他的琴诗中记载了夷中弹琴的情形。释智圆《赠夷中师》："淡泊背时态，悠然尘外心。静吟霜月尽，归梦海云深。室冷苔生榻，窗闲鸟觑琴。幽栖共得趣，乘兴几相寻。"

释智圆与宫廷琴待诏骆偃也有弹琴往来，这是北宋较早文人士大夫与琴僧之间交流的实例。骆偃，生卒年不详，释智圆作有《赠骆偃》一诗："才高淹下位，圣代尚遗贤。贾谊方流涕，扬雄正草玄。开琴逢皓月，试茗选清泉。箧有文编在，时容后学传。"

《全宋诗》收录了释智圆所作的琴诗11首。从《古琴诗》《听琴》等作品可以看出，释智圆对古琴及其制作材料有着自己的看法和认识，他认为弹琴可以教化人心，可以禁奢淫，视琴音为正声，这是儒家的音乐审美观。释智圆作为僧人，同时也倡导佛家思想，坚持儒释互融。《古琴诗》："良工采峄桐，斫为绿绮琴。一奏还淳风，再奏和人心。君子不暂去，所贵禁奢淫。后世惑郑声，此道遂陆沈。朱丝鼠潜啮，金徽尘暗侵。冷落横闲窗，弃置岁已深。安得师襄弹，重闻大古音。"《听琴》："自得南风旨，虚堂此夕弹。正声传不易，俗耳听终难。峭壁虫音绝，乔枝鹤梦残。坐来消万虑，斜月上危栏。"

而以下几首琴诗则呈现了释智圆闲暇的人生状态和常与琴鹤水鸟为伴的幽居生活。《幽居》："尘迹不能到，衡门藓色侵。古杉秋韵冷，幽径月华深。窗静猿窥砚，轩闲鹤听琴。东邻有真隐，荷策夜相寻。"《题聪上人林亭》："四面远尘迹，吟过称野情。阶闲秋果落，池冷月华生。倚竹蝉声断，开琴鹤梦惊……"《寄润侄法师》："庭木凝秋色，依依废苦吟。来书江上绝，幽梦雨中深。水鸟闲窥砚，窗灯冷照琴……"《酬正言上人》："旅雁声孤过旧林，相怀无处共论心。眠云未负他年约，看雪难忘尽日吟。江上信稀寒浪阔，竹边房掩夕阳深。寂寥闲坐西窗下，空把余情寄玉琴。"《寄题聪上人房庭竹》："结根依静砌，萧洒映禅房。高节欺群木，青阴过短墙。夜声喧梦枕，秋露滴琴床……"《言志》："草堂三四间，牢落连云洞。经时无客人，冲门绝迎送。榻有无弦琴，向风时一弄。"

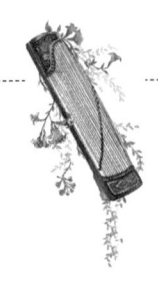

宋庠（996—1066）

宋庠，初名郊，字伯庠，入仕后改名庠，更字公序。开封府雍丘县人。北宋大臣、文学家、宰相，工部尚书宋祁之兄。宋庠读书至老不倦，善于纠正谬讹。宋庠与弟弟宋祁应举时，俱以文学名闻天下。宋仁宗天圣二年（1024），宋庠举进士，成为乡试、会试、殿试都是第一的"连中三元"之人，任大理评事，同判襄州。治平三年（1066），宋庠去世，年七十一。追赠太尉兼侍中，谥号"元献"（一作元宪），英宗亲题其碑首为"忠规德范之碑"。宋庠、宋祁皆善琴，均作有多首琴诗。

宋庠的《元宪集》收录其琴诗27首。《阴晦残春可惜》："柳长花歇夏云初，幽圃寻芳但绿芜。不分伯劳随阿母，生憎蛱蝶效当涂。昏沈岭雾吞斜日，寂寞溪烟压翠蒲。欲拂琴徽销客恨，哑哑城曲已啼乌。"《和吴侍郎相从经岁忽有陕许之别见贻长句》："接武西台属钜贤，琴樽欢意满山川……陕界霜氛迎喜气，颍郊秋色犯华颠。卜邻自有归休约，终就溪林占一廛。"《郡圃秋日》："闰去秋归早，开轩洒病襟。晓风凌羽扇，商气袭瑶琴。竹雨无情碧，荷烟底事深。萧萧差可赏，只是恨年深。"《无题》："西峙东流意欲分，紫箫呼凤隔烟闻。书因屡答机无素，梦为频惊峡费云。羽帐枕寒晨未转，玉楼衣冷夜还薰。琴乌一曲何曾听，七十鸳鸯失旧群。"

欧阳修（1007—1072）

欧阳修，字永叔，号醉翁、六一居士，吉州永丰（今江西省吉安市永丰县）人，北宋政治家、文学家。谥号文忠，世称欧阳文忠公。欧阳修于宋仁宗天圣八年（1030）进士及第，历仕仁宗、英宗、神宗三朝，官至翰林学士、枢密副使、参知政事。欧阳修是在宋代文学史上最早开创一代文风的文坛领袖，领导了北宋诗文革新运动。欧阳修在变革文风的同时，也对诗风、词风进行了革新。在史学方面，也有较高成就。著有《欧阳文忠公文集》。

欧阳修一生与古琴为伴，与古琴关系极为密切。他常常与友人弹琴交友，饮酒赋诗，认真研习古琴，重视自身古琴方面的修养。在欧阳修几次遭遇贬谪期间，古琴更是成为他的知己。欧阳修在《欧阳文忠公文集》中留有多首（篇）与古琴相关的诗文，他常谈及自己对古琴的理解与感悟。

宋仁宗天圣五年（1027），二十一岁的欧阳修作《舟中望京邑》，写下"东北归川决决流，泛艎青渚暂夷犹。遥登灞岸空回首，不见长安但举头。挥手嵇琴空堕睫，开樽鲁酒不忘忧"（《文忠集》卷五十五）的诗句。这是目前史料所见欧阳修最早与琴有关的诗歌，其和苏轼一样，都是在舟中弹琴，反映出二十一岁的欧阳修洒脱的人生态度及远大的人生抱负。

宋仁宗天圣七年（1029），欧阳修上《国学策士》，谈到了他对音乐的理解与感受。欧阳修在此文中虽未直接谈及他对古琴的理解和看法，但其中论述有关音乐的审美问题，与他对古琴的思考是存在紧密关联的。

欧阳修在《国学试策第二道》中曰:"物所以感乎目,情所以动乎心,合之为大中,发之为至和。诱以非物,则邪僻之将入。感以非理,则流荡而忘归。盖七情不能自节,待乐而节之。至性不能自和,待乐而和之。"(《文忠集》卷七十五)

宋仁宗天圣九年(1031)夏,欧阳修在普明寺后园,组织文人避暑、雅集,弹琴煮茶。

欧阳修《普明院避暑》:"选胜避炎郁,林泉清可佳。拂琴惊水鸟,代麈折山花。就简刻筠粉,浮瓯烹露芽。归鞍微带雨,不惜角巾斜。"(《文忠集》卷五十六)

宋仁宗天圣十年(1032),欧阳修作琴诗四首。《落日窗中》:"瑶琴坐不理,含情复为谁。"《题张应之县斋》:"小官叹簿领,夫子卧高斋。五斗未能去,一丘真所怀。绿苔(一作藓)长秋雨,黄叶堆空阶……琴觞开月幌,窗户对云崖。"《留题安州朱氏草堂》:"俯槛临流蕙径深,平泉花木绕阴森。蛙鸣鼓吹春喧耳,草暖池塘梦费吟。赌墅乞甥宾对弈,惊鸿送目手挥琴。"《送杨君归汉上》:"我昔谪穷县,相逢清汉阴。拂尘时解榻,置酒屡横琴。"(《文忠集》卷五十一、卷五十六)

宋仁宗明道二年(1033),欧阳修赴湖北随州省亲,作诗《江上弹琴》。

欧阳修《江上弹琴》:江水深无声,江云夜不明。抱琴舟上弹,栖鸟林中惊……琴声虽可状,琴意谁可听。(《文忠集》卷五十一)

该年,欧阳修作琴诗三首。

《逸老亭》:上相此忘荣,怡然物外情。池光开小幌,山翠入重城。野鸟窥华衮,春壶劳耦耕。枕前双雁没,雨外一川晴。解组金龟重,调琴赤鲤惊。虽怀安石趣,岂不为(一作念)苍生。

《暇日雨后绿竹堂独居兼简府中诸僚》:开轩见远岫,敧枕送归云。桐槿渐秋意,琴觞怀友文。

《和圣俞聚蚊》：群飞岂能数，但厌声营营。抱琴不暇抚，挥麈无由停。(《文忠集》卷十、卷五十一、卷五十二）

宋仁宗景祐三年（1036），欧阳修受范仲淹被贬饶州一事牵连，被贬夷陵（今湖北宜昌）县令。五月二十六日，欧阳修的朋友薛仲孺、孙道滋、燕肃、王拱辰、张先、蔡襄等为他送别聚会，大家在一起鼓琴、烹茶、下棋、作诗、击方响。

欧阳修《于役志》：景祐三年丙子岁，五月九日丙戌希文出知饶州……癸卯，君贶、公期、道滋先来，登祥源东园之亭。公期烹茶，道滋鼓琴，余与君贶奕……君谟作诗，道滋击方响，穆之弹琴。秀才韩杰居河上，亦来会宿。……辛卯，饮僧于资福寺。移舟溶溶亭，处士谢去华援琴，待凉，以入客舟。(《文忠集》卷一二五）

后来，欧阳修的一位好友杨君去湖北，欧阳修作诗《送杨君归汉上》，回忆自己在夷陵作县令的这段美好时光："我昔谪穷县，相逢清汉阴。拂尘时解榻，置酒屡横琴。介节温如玉，嘉辞掷若金。趣当乡土荐，无滞计车音。"(《文忠集》卷五十一）

宋仁宗景祐四年（1037），这是欧阳修被贬夷陵的第二年。欧阳修思念昔日与友人弹琴相会的美好时光，便与友人通信，作书简《与薛少卿（公期）二十通》，表达了他当下颇为失落的心情。

欧阳修《与薛少卿（公期）二十通》：公期游宦故乡，其乐可量。思昔月中琴、弈、尊酒之会，何可得邪？某久处穷僻，习成枯淡，顿无曩时情悰，惟觉病态渐侵尔。敝性懒于作书，区区思慕之心非有怠也，惟仁者察之。谗谤未解，相见何由？惟慎疾加爱。因人至京，频示三两字为祷。其如方寸莫能尽也。不宣。(《文忠集》卷一五二）

宋仁宗宝元二年（1039），欧阳修拜访梅尧臣，两人一同听琴僧知白弹奏琴曲《平戎操》。欧阳修写下《送琴僧知白》和《听平戎操》。

欧阳修《送琴僧知白》：吾闻夷中琴已久，常恐老死无其传。夷中未识不得见，岂谓今逢知白弹。遗音仿佛尚可爱，何况之子传其全。孤禽晓警秋野露，空涧夜落春岩泉。(《文忠集》卷五十三)

欧阳修《听平戎操》：自言平戎有古操，抱琴欲进为我娱……惭君为我奏此曲，听之空使壮士吁。推琴置酒恍若失，谁谓子琴能起予！(《文忠集》卷五十三)

该年，欧阳修作琴诗《幽谷晚饮》。写下"山色已可爱，泉声难久听。安得白玉琴，写以朱丝绳"的诗句。(《文忠集》卷五十三)同年，欧阳修作诗《初夏刘氏竹林小饮》，写下"鸣琴泻山风，高籁发仙奏"等诗句。(《文忠集》卷五十四)

宋仁宗康定元年(1040)，欧阳修作《赠杜默》，写下"愿以白玉琴，写之朱丝绳"等诗句。(《文忠集》卷一)

宋仁宗命大臣校定、整理三馆与秘阁藏书，编成书目，为《崇文总目》。宋仁宗庆历元年(1041)，欧阳修等撰《崇文总目》66卷成书，其中包括古琴史料编目的内容。从《崇文总目》记载中可知，宋代馆阁典籍的藏书中共包括琴谱、琴书30种，多为北宋以前所著录的琴谱，与《宋史·乐志》及《玉海》《神奇秘谱》所收曲谱一致。

《崇文总目》卷一：《琴操》三卷，晋广陵相孔衍撰。述诗曲之所从，总五十九章。……《琴谱三均手诀》一卷，宋谢庄撰。叙唐虞至宋世善琴者姓名，及古曲名。

宋仁宗庆历五年(1045)二月，欧阳修直谏，遭保守派弹劾，被革职贬滁州。欧阳修被贬为滁州太守后，自号"醉翁"，作《醉翁亭记》。在此期间，欧阳修弹琴聊以自慰，过着放情诗酒、抚琴于山水之间的生活。

欧阳修《奉答原甫见过宠示之作》：……援琴写得入此曲，聊以自慰穷山间。中间永阳亦如此，醉卧幽谷听潺湲。(《文忠集》卷八)

此诗作于宋仁宗嘉祐五年（1060），是欧阳修晚年对自己一生被贬生活的回忆与写照，他感叹被贬时的生活虽然不如意，但自己对古琴的理解更为深刻，与古琴的相处时光是珍贵而难忘的。

宋仁宗庆历六年（1046），欧阳修贬谪滁州的第二年，他将自己置身于山水之间，每天与古琴相伴，并作《游琅琊山》，写下"只乐听山鸟，携琴写幽泉"（《文忠集》卷三）的美好诗句。欧阳修在滁州弹琴作诗的山水生活给了他极大的安慰与满足，后来他作诗表达了自己对这段人生经历流连忘返。《忆滁州幽谷》："滁南幽谷抱千峰，高下山花远近红。当日辛勤皆手植，而今开落任春风。主人不觉悲华发，野老犹能说醉翁。谁与援琴亲写取，夜泉声在翠微中。"（《文忠集》卷十二）

欧阳修被贬滁州期间，他还与善弹琵琶的文人杜彬饮酒，交流古琴和琵琶的相似之处和区别。

欧文忠在滁州，通判杜彬善弹琵琶，公每饮酒，必使彬为之，往往酒行遂无算，故有诗云："坐中醉客谁最贤，杜彬琵琶皮作弦。"……维为京西提刑，为予言之，琵琶以下拨重为难，犹琴之用指深，故本色有"轹弦护索"之称。（《避暑录话》卷上）

欧阳修作为北宋"江西琴派"的代表人物，为提高自己的琴艺，拜擅长古琴的人为师，并以琴会友，结交了很多会弹琴的道士、僧人，其中就有以弹琴知名的道士李景仙。宋仁宗庆历七年（1047），欧阳修拜访道士李景仙，听李道士弹琴，作《赠无为军李道士》。该文提到，李道士古琴技艺高超，用一张布满蛇腹断的古琴为欧阳修弹琴，"音如石上泻流水，泻之不竭由源深"，让欧阳修感到"心意既得形骸忘，不觉天地白日愁云阴"。欧阳修认为，李道士以人品、德性为演奏的根本，掌握了对"道"的悟性，对其赞美不已，作此诗。

欧阳修《赠无为军李道士》：心意既得形骸忘，不觉天地白

日愁云阴。李师琴纹（一作形）如卧蛇，一弹使我三咨嗟……又云理身如理琴，正声不可干以邪。我听其言未云足，野鹤何事还思家。抱琴揖我出门去，猎猎归袖风中斜。（《文忠集》卷四）

该年，欧阳修作《弹琴效贾岛体》，研究前人弹古琴的情景。

欧阳修《弹琴效贾岛体》：横琴置床头，当午曝背眠。梦见一丈夫，严严古衣冠。登床取之坐（一作我琴），调作南风弦。一奏风雨（一作南）来，再鼓变云烟。鸟兽尽嘤鸣，草木亦滋蕃。乃知太古时，未远可追还。方彼梦中乐，心知口难（一作难口）传。既觉失其人，起坐涕泛澜。（《文忠集》卷四）

同年，欧阳修作《送杨寘序》。认为弹琴能使人心气平和，劝慰他的朋友杨寘，琴可以"平其心以养其疾"。

欧阳修《送杨寘序》："予尝有幽忧之疾，退而闲居，不能治也……予友杨君，好学有文，累以进士举，不得志。及从荫调，为尉于剑浦，区区在东南数千里外，是其心固有不平者。且少又多疾，而南方少医药，风俗饮食异宜。以多疾之体，有不平之心，居异宜之俗，其能郁郁以久乎？然欲平其心以养其疾，于琴亦将有得焉。"（《文忠集》卷四十二）

同年，欧阳修写信给梅尧臣，告知自己"不独为学之外，有山水琴酒之适"，作《与梅圣俞书》。见《文忠集》卷一四九：

某顿首。谷仆来，捧书，得询动静。又见诗中所道，有相游从唱和之乐，备详平日幕中所为，可胜慰也。某此愈久愈乐，不独为学之外，有山水琴酒之适而已，小邦为政期年，粗有所成，固知古人不忽小官，有以也。

宋仁宗皇祐二年（1050），欧阳修与梅圣俞相约买田于颍上，两人过着优游于琴酒、耕种的田园生活。（见《文忠集》卷五《寄圣俞》。另见欧阳修《文忠集》卷四十四《续思颍诗序》）同年，欧阳修作琴诗《竹间亭》。该诗作于此年的颍州西湖，这是欧阳修第二次到颍州。此时应是他参与庆历新政后被贬外放

期间,之后不久便被重新启用回朝当翰林。"兴尽即言返,重来期抱琴",可见欧阳修很喜欢颍州,一生八到颍州。

欧阳修《竹间亭》:高亭照初日,竹影凉萧森。新篁渐解箨,翠色日已深。雨多苔莓青,幽径无人寻。静趣久乃得,暂来聊解襟。清风飒然生,鸣鸟送好音……兴尽即言返,重来期抱琴。"(《文忠集》卷五十四)

宋仁宗至和二年(1055)冬天,欧阳修奉召出使契丹,在恩州和冀州交汇处见到沈遵,沈遵为欧阳修弹奏古琴曲《醉翁吟》,欧阳修为沈遵的琴曲《醉翁吟》作辞,写下《赠沈遵》一文,记述两人弹琴的情形。

欧阳修《赠沈遵》:"予昔于滁州作《醉翁亭》,于琅琊山有记刻石,往往传人间。太常博士沈遵,好奇之士也。闻而往游焉,爱其山水,归而以琴写之,作《醉翁吟》一调,惜不以传人者五六年矣。去年冬,予奉使契丹,沈君会予恩、冀之间。夜阑酒半,出琴而作之。予既嘉君之好尚,又爱其琴声,乃作歌以赠之。群动夜息浮云阴,沈夫子弹《醉翁吟》。《醉翁吟》,以我名,我初闻之喜且惊。宫声三叠何泠泠,酒行暂止四坐倾(一本有:"为君屏百虑,各以两耳听。"两句)。有如风轻日暖好鸟语,夜静山响春泉鸣。坐思千岩万壑醉眠处,写君三尺膝上横。沈夫子,恨君不为醉翁客,不见翁醉(一作醉翁)山间亭。"(《文忠集》卷六)

宋仁宗嘉祐二年(1057),沈遵任建州通判,欧阳修作诗为沈遵送行,沈遵为欧阳修弹奏琴曲《醉翁吟》。

欧阳修《赠沈博士歌》:沈夫子,胡为《醉翁吟》?……山(一作泉)溜白玉悬青岑,一泻万仞源莫寻。醉翁每来喜登临,醉倒石上遗其簪。云荒石老岁月侵,子有三尺徽(一作晖)黄金,写我幽思穷崎嵚。自言爱此万仞水,谓是太古之遗音。泉淙石乱到不平,指下呜咽悲人心。(《文忠集》卷七)

该年,欧阳修作《送郑革先辈赐第南归》,写下"试问尘埃

勤斗禄，何如琴酒老云岩"的诗句。(《文忠集》卷十三)

宋仁宗嘉祐四年（1059），欧阳修作琴诗《夜坐弹琴有感二首呈圣俞》，反映了欧阳修与梅尧臣两人之间深厚的友谊。

欧阳修《夜坐弹琴有感二首呈圣俞》：君子笃自信，众人喜随时。其中苟有得，外物竟何为。寄谢伯牙子，何须钟子期。钟子忽已死，伯牙其已乎。绝弦谢世人，知音从此无。瓠巴鱼自跃，此事见于书。师旷尝一鼓，群鹤舞空虚。吾恐二三说，其言皆过欤。不然古今人，愚智邈已殊。奈何人有耳，不及鸟与鱼。(《文忠集》卷八)

宋仁宗嘉祐五年（1060）三月，梅尧臣调都官员外郎，欧阳修、刘敞登门庆贺，三人常在一起弹琴吟诗。刘敞《和永叔夜坐鼓琴二首》其一："所以匣中琴，寂寂少人知。淳和太平风，简淡邈古时。得意亦忘言，居然见无为。非公蕴真乐，此道谁复期。"其二："知音古亦少，况乃今人乎。至和动殊类，此则今世无。舜韶舞百兽，事可观于书。但非耳目接，便自疑其虚。谁谓今之人，反不如兽欤。大音盖希声，聋俗或万殊。中孚有不化，嗟嗟乎豚鱼。"(《公是集》卷十五)

梅尧臣《次韵和永叔夜坐鼓琴有感二首》其一："知公爱陶潜，全身衰弊时。有琴不安弦，与俗异所为。寂然得真趣，乃至无言期。"其二："舜琴曰朕有，语舜郁陶乎。孝悌怨则否。傲狠愧岂无。我尝抚卷叹，叹此孟氏书。此书有深意，仁义世久虚。公今乃有感。其不在兹欤。鱼跃与鹤舞，物情曾未殊。无情则无应，何必问鸟鱼。"《八月十夜广文直闻永叔内当》："闻向蓬莱宿，鳌峰第几层。秋声暗叶雨，残梦空堂灯。推枕感孤雁，抽琴弹坏陵。"(《宛陵集》卷二十三、五十四)

欧阳修《和圣俞聚蚊》："抱琴不暇抚，挥麈无由停。散帙复归卧，咏言聊写情。"(《文忠集》卷五十二)

同年十月，欧阳修作《皇从侄卫州防御使遂国公墓志铭》，追忆遂国公通琴奕之艺。(《文忠集》卷三十七)

欧阳修（1007—1072）

宋仁宗嘉祐七年（1062），欧阳修作《三琴记》，记载了自己家中有三张古琴，并对它们一一做了介绍。

欧阳修《三琴记》：吾家三琴，其一传为张越琴，其一传为楼则琴，其一传为雷氏琴，其制作皆精而有法，然皆不知是否。要在其声如何，不问其古今何人作也。琴面皆有横文如蛇腹，世之识琴者以此为古琴，盖其漆过百年始有断文，用以为验尔。其一金徽，其一石徽，其一玉徽。金徽者，张越琴也；石徽者，楼则琴也；玉徽者，雷氏琴也……余自少不喜郑卫，独爱琴声，尤爱《小流水曲》……嘉祐七年上巳后一日，以疾在告，学书，信笔作欧阳氏三琴记。（《文忠集》卷六十三）

同年，欧阳修作《琴枕说》。欧阳修讨论古琴的功能，一方面弹琴可以疗疾，另一方面可以通过手指运动治疗中指拘挛。

欧阳修《琴枕说》：介甫尝言，夏月昼睡，方枕为佳，问其何理，云："睡久气蒸枕热，则转一方冷处。"然则真知睡者耶。余谓夜弹琴，惟石晖为佳，盖金蚌、瑟瑟之类，皆有光色，灯烛照之则炫耀，非老翁夜视所宜，白石照之无光，唯目昏者为便。介甫知睡，真懒者。余知琴晖，直以老而目暗耳，是皆可笑。（《文忠集》卷一百三十）

宋英宗治平二年（1065）九月，欧阳修编纂《太常礼书》一百卷成，诏名《太常因革礼》。此部典籍中收录了大量宋代宫廷雅乐的古琴史料。

同年，欧阳修作《初寒》，此时五十八岁的欧阳修已步入晚年，面对"篱菊催佳节，山泉响夜琴"的美好，他能自知其乐，提醒自己不必"恋腰金"。

欧阳修《初寒》：多病淹残岁，初寒悄独吟。云容乍浓淡，秋色半晴阴。篱菊催佳节，山泉响夜琴。自能知此乐，何必恋腰金。（《文忠集》卷十四）

宋英宗治平三年（1066）秋，欧阳修在《集古录》中谈到为何自称"六一居士"，六个一其中一个"一"源于自己有一张古琴。

或问余曰：何谓六一居士？余曰：吾家有书一万卷，《集古录》一千卷，棋一局，琴一张，常置酒一壶。问者曰：此五一也，奈何？余曰：以吾一翁老于五物之间，岂非六一乎？治平丙午秋享摄事斋于东阁书。（《集古录》卷七）

宋神宗熙宁二年（1069）二月九日，晚年的欧阳修总结自己一生对弹琴及人生的领悟，作《书琴阮记后》。欧阳修回忆自己在夷陵当县令时，从河南刘几那里得到一张平常的琴。后来作舍人和学士时又分别得到一张粤琴和雷琴。他感慨官做得越大，古琴越贵重，但是心情却越不愉快。他怀念当初在夷陵时，青山绿水每天就在眼前，不为世事所累，琴虽不好，心意却很畅快。而为官之时，常奔走于尘世俗务之间，为名利所侵扰，再无清雅之思绪，琴虽好而心境昏杂，毫无乐趣可言。欧阳修感到琴之乐"在人不在器"，官高、琴佳都是外在的因素，自身的心绪情怀才是最主要的。

欧阳修《书琴阮记后》：同年孙植，雅善琴阮，云于京师常卖人处贾得之以遗余，盖景祐三年也。迨今三十余年，而植物故亦二十年矣。偶因发箧□之，怅然书其后。熙宁二年二月九日，山斋记。余为夷陵令时，得琴一张于河南刘几，盖常琴也。后做舍人，又得琴一张，乃张越琴也。（《欧阳文忠公集》卷七十三）

关于文中所记载的雷琴，欧阳修时常提及，如视珍宝："余家旧蓄琴一张，乃宝历三年雷会所斫，距今二百五十年矣，其声清越如击金石，遂以此布更为琴囊，二物真余家之宝玩也。"（见《文忠集》卷一二八）

同年，欧阳修作《读易》，有"饮酒横琴销永日，焚香读易过残春"的诗句。诗歌呈现了欧阳修人生的最后三年，依旧延续弹琴喝酒的生活。

宋神宗熙宁四年（1071），六十五岁的欧阳修累章告老，退居颍州。当时，苏轼被朝廷派往杭州任通判途经陈州，苏辙也

正好在陈州工作。九月，苏辙送苏轼离开陈州至颍州，一同拜访了昔日恩师欧阳修，苏轼、苏辙各作文一篇，苏辙文中记述欧阳修"筑室清颍，琴书足以忘忧"，呈现了欧阳修在颍州与琴为伴的生活状态。

苏辙《贺欧阳少师致仕启》："伏审累章得谢，故邑荣归，位冠东宫，宠兼旧职，高风所振，清议愈隆。伏惟致政观文少师，道德在人，学术盖世……故七十致仕，在礼则然。而六一自名，此志久矣。筑室清颍，琴书足以忘忧。"（《栾城集》）

宋神宗熙宁五年（1072），欧阳修写古琴诗四首。《叔平少师去后会老堂独坐偶成》："爱酒少师花落去，弹琴道士月明来。"《赠潘道士》："寄语弹琴潘道士，雨中寻得越江吟。"《答判班孙待制见寄》："鸣琴酌酒留嘉客，引水栽花过一春。"《和子履游泗上雍家园》："我来据石弄琴瑟，惟恐日暮登归轩。"（《文忠集》卷五十七）此年闰七月，欧阳修逝世。这是欧阳修生前所作的最后几首古琴诗，描写了他晚年的生活情境。"鸣琴酌酒留嘉客，引水栽花过一春"，诗中的"嘉客"有弹琴道士会老堂和潘道士等。八月，苏轼著《祭欧阳文忠公文》悼念欧阳修。

欧阳修逝世后，他的儿子欧阳发编定《欧阳文忠公集》153卷，并作《先公事迹》附在文集后面，追忆父亲欧阳修的一生，提到欧阳修自号"六一居士"，有琴一张。（《文忠集》附录卷五·先公事迹）之后，北宋文人陈师道参观六一堂，缅怀先公，作《观充文忠公家六一堂图书》，写下"素琴久绝弦，棋酒颇阙供"的诗句。（《后山集》卷一）他精辟地概括了欧阳修一生与古琴、棋酒相伴的生活。苏辙也作《欧阳文忠公神道碑》悼念欧阳修，讲到欧阳修有琴一张。（《栾城集》后集卷二十三）

《文忠集》一共收录欧阳修所作琴诗及琴文62首。例如，《答端明王尚书见寄兼简景仁文裕二侍郎》："琴书自是千金产，日月闲销百刻香。尚有俸钱酤美酒，自栽花圃趁新阳。醉翁生计今如此，一笑何时共一觞。"《忆鹤呈公仪》："一笑相欢乐得

朋，诵君双鹤句尤清。高怀自喜凌云格，俗耳谁思警露声……归休约我携琴去，共看婆娑舞月明。"

欧阳修认为，弹琴可以治疗精神上的"幽忧之疾"，这一思想对后世影响深远。朱长文的《琴史》评论道："夫疾，生乎忧者也，药之毒者，能攻其疾之聚，不若声之至者，能和其心之所不平，心而平，不和者和，则疾之忘也宜哉。"（《琴史》卷五）明代文人何乔新对欧阳修"学琴疗疾"的看法给予肯定，他在《琴轩记》中谈道："琴轩者，予弟乔年藏修之室也……一日，予至琴轩，乔年出琴鼓之。且言其所学于清斋者，如此因谓予曰：'昔欧阳子有曰：有幽忧之疾不能自疗，故学琴焉。'且谓药之毒者，能攻疾之聚，不若声之至者，能和其心之所不平。故吾于琴，切有志焉。兄其为吾记之，使吾子孙知吾所好者，非筝琶之音，乃圣贤与忠臣。孝子所鼓之琴也，吾之好琴非以说耳，乃以养心也。子孙从事于斯，庶几有得于心，养其中和之德。救其气质之偏乎？乃为之记。以示其子孙俾，率先人之训云。"（《椒丘文集》卷十四）

赵抃（1008—1084）

赵抃，字阅道，衢州西安（今浙江省衢州市柯城区）人，北宋名臣。景祐元年（1034）进士及第，历任睦州知州、益州路转运使。元丰二年（1079），以太子少保致仕。元丰七年（1084），赵抃逝世后被追赠太子少师，谥号"清献"。赵抃在朝弹劾不避权势，时称"铁面御史"，他为政简易，长厚清修，以一琴一鹤自随，其高尚的人格为世人所敬仰。著有《赵清献公文集》。

宋仁宗皇祐二年（1050）十一月，赵抃与他的弟弟赵抗、赵扬联句对诗，作《引流联句》，探讨古琴音韵。有"孤鹤眼怪觊，纤鱼鬣跳展。（抃）中沈无秽淤，底净有纹礝。（抗）映荸色莫分，喧琴韵难辨。（扬）"的诗句。（《清献集》卷五）

宋仁宗至和二年（1055）四月，王拱辰接受契丹弹琴送酒之礼，受到责罚。赵抃上言王拱辰接受契丹弹琴送酒之礼。

（至和二年四月）是月，殿中侍御史赵抃又言："王拱辰报聘契丹，行及靴淀，未致君命。契丹置宴饯，宋选、王士全、拱辰等遂窄衣与会，自以随行京酒换所设酒，痛饮深夜，席上联句，语同俳优。选及士全因醉，与敌使争，及契丹主自弹琴以劝拱辰酒，拱辰既不能辞，又求私书为己救解。失礼违命，损体生事，乞加黜降。"宋选寻坐罪，责通判宿州，朝廷独不问拱辰。抃又言："拱辰比吴奎罪恶为大，两府恶奎，即逐之，乃阴庇拱辰，不顾邦典。顷年韩综坐私劝契丹主酒，落职知许州。去年契丹泛遣使，欲援综例上寿，赖接伴杨察以朝廷曾黜综以告之，敌使乃止。拱辰既辄当契丹主弹琴送酒之礼，今若不责

拱辰,异时敌使妄欲援拱辰例,则朝廷将何辞拒之?"诏拱辰罚金二十斤,放。(《续资治通鉴长编》卷一七九)

赵抃写有多首在蜀国弹琴的诗歌,这与他在宋英宗治平二年(1065)春,以吏部员外郎知成都的人生经历有关。比如,《入蜀江上对月》:"照不私毫发,波光上下浮。明余到琴淡,清极入诗幽……闲云勿轻蔽,有客坐孤舟。"《月夜听僧化宜弹琴》:"蜀国有良工,孙枝斫古桐……淡恐时心厌,幽蕲世耳聪。坐来明月满,无语讼庭空。"《次韵徐师回殿丞捧诏亭听琴》:"讼鲜无哗去访真,并游僚友若天伦。庭存列宿仙坛古,堂启先生诏墨新。膝上挥弦清度曲,席间倾耳静留神。"《和见雪》:"惊怪穷冬百物繁,落梅狂絮逐风翻。酒无戈甲争酣战,诗似波澜竞讨源……知音若问阳春曲,待把琴调细细论。"《和彦涂田曹见寄》:"自喜还家入郡闉,久无书简到京城。棋观每笑机心巧,琴断还忧曲意生……来诗咏叹陶然乐,疑梦钧天奏九成。"(《清献集》卷三)

沈括在《梦溪笔谈》中记载赵抃去成都做转运使时,带着一琴一龟过青城山的情景:"赵阅道为成都转运使,出行部内。唯携一琴一龟,坐则看龟鼓琴。尝过青城山,遇雪,舍于逆旅。逆旅之人不知其使者也,或慢狎之。公颓然鼓琴不问。"(《梦溪笔谈》卷九)后来,赵抃自己也作《谒青城山》一诗,自述那段人生经历:"背琴肩酒上青城,云为开收月为明……墙留古画仙姿活,石载奇文俗眼惊。却念吾乡山亦好,十年孤负烂柯行。"(《清献集》卷三)

宋英宗治平四年(1067)六月,赵抃时以龙图阁学士召知谏院,同样也是一琴一鹤相随。(见《九朝编年备要》第十七)赵抃去蜀地成都赴任,随身行李仅有古琴与白鹤,驮在一匹马上,其他便是两袖清风。后宋神宗听闻此事,十分赞赏他的为人,期望赵抃到任后精兵简政,廉洁奉公。赵抃的政绩被后世广为传诵,如两宋之交文人李处权谓其"龟属烟霞想,琴寓山水思"。

李处权在《陪张巨山谒清献公祠》中曰："惟昔清献公，二年蜀中归。归载无长物，一琴而一龟。龟属烟霞想，琴寓山水思。婆娑二物间，德容俨怡怡。元龙岂时辈，康乐匪俗期。书斋质不陋，覆之以茆茨。手植参天松，亭亭岁寒姿。"

宋神宗熙宁三年（1070），赵抃以资政殿学士贬知杭州，随后徙知青州，琴鹤相随。

赵抃，字阅道，衢州西安人。熙宁三年以资政殿大学士知杭州，细民闻抃宽，大多骈聚为盗，抃捕获其情重者，黥配他州，法禁严肃，盗遂遁去。境内以清尝题郡中清风阁诗云："庭有松萝砌有苔，退公聊此远尘埃。潮音隐隐海门至，泉势潺潺石缝来。夜榻衾裯仙梦觉，晓窗灯火佛书开。休官不久轻舟去，喜过严陵旧钓台。"盖公琴鹤之操所在如一也。（《西湖游览志余》卷七）

赵抃的琴鹤之操守影响深远，南宋文人陈文蔚、岳珂对其评价颇高。南宋学者陈文蔚《过赵清献墓居》曰："为读忠臣教子碑，欲行回首重依依。纷纷车马门前过，知有几人琴鹤归。"（见《克斋集》）南宋文学家岳珂《赵清献勤洁帖赞》（行书四行）赞曰："为御史而称其铁面，宜笔力之健。尹成都而琴鹤以行，宜字体之清。书法何出，心即其物，可以比魏公之笏。"（见《宝真斋法书赞》卷十）

宋神宗熙宁五年（1072）七月，赵抃以资政殿学士复知成都，琴鹤相随，其廉俭之风永为佳话。

叶梦得《石林诗话》卷上：赵清献公以清德服一世，平生蓄雷氏琴一张，鹤与白龟各一，所向与之俱。始除帅成都，蜀风素侈，公单马就道，以琴、鹤、龟自随，蜀人安其政，治声藉甚。（另见朱熹《三朝名臣言行录》卷五）

赵抃携一琴一鹤赴成都的事迹得到仁宗、英宗、神宗等几代君主的赞赏，在古代文人士大夫中广受推崇，获一致好评。《宋史》等数十部古代文献对赵抃的事迹进行记载，给予了很

高的评价。《宋史》卷三一六，列传第七五曰："'神宗立，召知谏院。故事，近臣还自成都者，将大用，必更省府，不为谏官。大臣以为疑，帝曰：'吾赖其言耳，苟欲用之，无伤也。'及谢，帝曰：'闻卿匹马入蜀，以一琴一鹤自随，为政简易，亦称是乎？'未几，擢参知政事。"除此之外，另有多部典籍载有赵抃携一琴一龟知成都。南宋文人祝穆在《方舆胜览》卷五十一、卷五十二、卷五十五三处谈及赵抃与琴的事迹。还有同时期的释惠洪《石门文字禅》卷二十九，彭乘《墨客挥犀》卷十，南宋陆游《渭南文集》卷九，周紫芝《太仓稊米集》卷二十二，李石《方舟集》卷十三，明代曹学佺《蜀中广记》卷四十七，清代的黄宗羲《宋元学案》卷十二《清献赵先生抃》等等。赵抃携一琴一鹤赴任一事，现所见有十几处古代文献有所记载，说明赵抃的品质及操守为古人所认同和提倡，代表古代文人所推崇的一种价值观。

由于赵抃匹马入蜀、琴鹤相随的趣闻流传甚广，因而后人书写赵抃的诗文大多都会谈到琴鹤。苏轼在《题李伯时画赵景仁琴鹤图》中曰："清献先生无一钱，故应琴鹤是家传。谁知默鼓无弦曲，时向珠宫舞幻仙。"诗中的赵景仁就是赵抃长子赵𡷠，苏轼在此题"琴鹤图"寄寓古琴的精神与品格代代相传。黄庭坚在《赵景仁弹琴舞鹤图赞》中曰："无山而隐，不褐而禅。听松风以度曲，按舞鹤而忘年。铿尔舍琴而对吏，忽坌入而来前。察朱墨之如蚁，初不病其超然。"(《豫章黄先生文集》卷十四)其也赞扬赵景仁受父亲赵抃家传的琴鹤之事。黄庭坚还作有《为邹松滋题子瞻画》："子瞻尝为赵景仁作竹筱怪石一纸，余赞之曰：赵景仁、守宗祊、游轩冕，有丘壑，弹鸣琴，无归鹤，苏仙翁，留醉墨。"(《山谷别集》卷十)

南宋魏了翁写有"诗书意味江都相，琴鹤规模清献公"的诗句。

魏了翁《董侍郎生日三首》："紫气飞骞一马骢，当年轻下

五云东。诗书意味江都相,琴鹤规模清献公……列城香火知何限,蒸起祥云入颊红。"(《鹤山集》)

宋神宗元丰七年(1084),赵抃卒。苏轼作《赵清献公神道碑》,赞颂赵抃入蜀以一琴一龟一鹤相随为政简易的高尚品格。

《赵清献公神道碑》:"神宗即位,召知谏院。故事,近臣自成都还,将大用,必更省府,不为谏官。大臣为言。上曰:'用赵某为谏官,赖其言耳。苟欲用之,何伤!'及谢,上谓曰:'闻卿匹马入蜀,以一琴一龟自随,为政简易,亦称是耶?'公知上意,将用其言。"(《东坡全集》卷八十六)

朱长文的《琴史》记载了赵抃,并对他好琴及高尚的品格给予很高的评价。"赵抃,字阅道,以清节正论显于仁宗朝,迄熙宁初,尝参预国政,今以太子少保致仕,公好琴,其将命于四方,虽家人不以从行,而琴与龟鹤未尝去也。王事之隙,时弹古曲,以和平其心志。故终始完洁无疵,为世师表云。"(《琴史》卷五)

赵抃的《清献集》中有他所作与古琴相关的诗文约40篇,如《次韵僧重喜闻琴歌》提及雷琴:"我昔所宝真雷琴,弦丝轸玉徽黄金。昼横膝上夕抱寝,平生与我为知音。一朝如扇逢秋舍,而今只有无弦者。无情曲调无情闻,浩浩之中都奏雅。我默弹兮师寂听,清风之前明月下。子期有耳何处听,自笑家风太潇洒。"《谢梁准处士惠琴》:"高怀宜与正声通,妙绝孙枝三尺桐。开匣为公鸣一弄,薰风中有故人风。"《赠蔡山王处士》:"已得琴中平淡意,有弦终日似无弦。"《次韵程给事寄法云禅师重喜》:"法云尝负没弦琴,有曲古名清夜吟。"(《清献集》卷二、卷四)

梅尧臣（1002—1060）

梅尧臣，字圣俞，宣州宣城（今安徽省宣城市宣州区）人，世称宛陵先生，北宋官员、诗人。皇祐三年（1051），始得宋仁宗召试，赐同进士出身，为太常博士。梅尧臣少即能诗，其诗题材广泛、诗风质朴，意境含蓄。诗歌内容主张写实，力求平淡、含蓄，他与欧阳修并称"欧梅"，刘克庄称他为宋诗的"开山祖师"。他曾参与编撰《新唐书》，著有《宛陵集》。

梅尧臣的一生与古琴结缘，并时常与欧阳修、张先等友人一起雅集聚会，弹琴交流，史料记载颇为丰富。宋仁宗天圣十年（1032），梅尧臣《梅圣俞诗稿》写成，欧阳修为梅尧臣诗稿作《书梅圣俞稿后》。其时，正值欧阳修任洛阳推官期间，欧阳修将自己与梅尧臣的关系比作伯牙和子期，可见两人友谊之深厚，两人在弹琴方面的交流及诗作非常多。此文虽不是对琴学的专门探讨，但反映了欧阳修的音乐思想及音乐美学观点，并且较为详细地与梅尧臣论述音乐的本质。

欧阳修《书梅圣俞稿后》：凡乐，达天地之和而与人之气相接，故其疾徐奋动可以感于心，欢欣恻怆可以察于声。五声单出于金石，不能自和也，而工者和之。……圣俞久在洛中，其诗亦往往人皆有之，今将告归，余因求其稿而写之。然夫前所谓心之所得者，如伯牙鼓琴，子期听之，不相语而意相知也。余今得圣俞之稿，犹伯牙之琴弦乎！（《文忠集》卷七十三）

宋仁宗宝元二年（1039），欧阳修来拜访梅尧臣，两人一起欣赏琴僧知白弹奏琴曲《平戎操》。梅尧臣作诗《赠琴僧知白》。（见《宛陵集》卷七）

梅尧臣（1002—1060）

宋仁宗皇祐三年（1051）十月十九日，梅尧臣作《书窜》，写下"万室通酿酤，抚远无禁律。醉去不须钱，醒来弄琴瑟。山水仍怪奇，已可销忧郁"的诗句。（《苕溪渔隐丛话》前集卷三十一）

宋仁宗嘉祐元年（1056）二月，梅尧臣为琴曲作歌辞《醉翁吟》。

梅尧臣《醉翁吟》：月从东方出照人，揽晖曾不盈把。酒将醒，未醒又挹玉罍向身泻，翁乎醉也。山花炯兮，山木挺兮，翁酩酊兮。禽鸣右兮，兽鸣左兮，翁魋鹅兮。虫蜩嚎兮，石泉嘈兮，翁酕醄兮。翁朝来以暮往，田叟野父徒倚望兮。翁不我摇，翁自陶陶。翁舍我归，我心依依。博士慰我，写我意之微兮。

十五年后的宋神宗熙宁三年（1070），梅尧臣去世十年，欧阳修回忆当年和好友听沈遵弹《醉翁吟》，两人同赋辞题诗的情景，感慨万千，写下《跋醉翁吟》一文，回忆此年两人为琴曲题词的场景，以怀念挚友梅尧臣。（见《欧阳文忠公集》卷七三）

宋仁宗嘉祐二年（1057），沈遵任建州通判。梅尧臣、欧阳修与刘敞作琴诗给沈遵，为其送行。沈遵弹奏《醉翁吟》。

梅尧臣《送建州通判沈太傅》：四坐整衣容色端，醉翁虽醉无慢官。其音正以乐，其俗便且安，何害酩酊颜渥丹。沈夫子，邂逅相遇必已欢。玉琴能写人肺肝，人所为难君不难。（《宛陵集》卷五十三）

梅尧臣常与欧阳修、刘敞一起弹琴吟诗。梅尧臣在《次韵和永叔夜坐鼓琴有感》其一："知公爱陶潜，全身衰弊时。有琴不安弦，与俗异所为。寂然得真趣，乃至无言期。"其二："舜琴曰朕有，语舜郁陶乎。孝悌怨则否。傲狠愧岂无。我尝抚卷叹，叹此孟氏书。此书有深意，仁义世久虚。公今乃有感。其不在兹欤。鱼跃与鹤舞，物情曾未殊。无情则无应，何必问鸟鱼。"《八月十夜广文直闻永叔内当》："闻向蓬莱宿，鳌峰第几层。秋

声暗叶雨，残梦空堂灯。推枕感孤雁，抽琴弹坏陵。"（《宛陵集》卷二十三、五十四）

梅尧臣还经常和朋友在相国寺观画弹琴。梅尧臣在《和原甫同邻几过相国寺净土院因观杨惠之塑吴道子画听越僧琴闽僧写宋贾二公真》曰："青槐夹驰道，方辔下麒麟。谒来游绀宇，历玩同逡巡。吴画与杨塑，在昔称绝伦。深殿留旧迹，鲜逢真赏人。一见如宿遇，举袂自拂尘。金碧发光彩，物象生精神。岁月虽已深，奇妙不愧新。惊嗟岂无意，振播还有因。乃知至精手，安得久晦堙。二僧感识别，请以己艺陈。或弹中散曲，或出丞相真。览古仍获今，未枉停车轮。"相国寺是中国著名的佛教寺院，位于河南开封市，原名建国寺，始建于北齐天保六年（555）。北宋时期得到皇家尊崇，多次扩建，成为京城最大的寺院和全国佛教活动中心。梅尧臣还作有《刘原甫观相国寺净土杨惠之塑像吴道子画又越僧鼓琴闽僧写真予解其诧》："吾侪来都下，将踰三十春。不闻此画塑，想子得亦新。兹寺临大道，常多车马尘。设如前日手，晦昧已惑人。曷分今与古，曷辩伪与真。闽缁图凤姿，越释弹龙唇。但知五彩烂，徒谓五音淳。孰识商声高，孰惊眸子神。不能评谱品，索玉翻得珉。二君才调高，言若羽翩振。将令寻常工，千岁传不泯。"（《宛陵集》卷三十八）

宋仁宗嘉祐五年（1060）四月二十五日，梅尧臣逝世。欧阳修作诗《哭圣俞》悼念梅尧臣。友人及后人对梅尧臣与古琴有较多的记述及评价。韩维《览梅圣俞诗编》："夙昔诵佳句，跂予慕高风。何意忧艰余，邂逅此相逢。君初应府辟，捧檄来自东。引车穷檐下，睠然顾微躬。姿表穆以秀，纯德信内充。乃知文章作，中与性情通。煌煌新诗章，垂光照昏蒙。启椟挹荆璞，引筳撞景钟。高篇屡云阕，远思殊未终。譬如巧琴师，哀弹发丝桐。中有冲淡意，要以心志穷。顾惟昧者听，莫辨徵与宫。安得牙旷手，提取发其聪。"（《南阳集》卷一）

胡宿《送梅尧臣宰建德》："县枕秋江侧，铜章滞隽旄。长安去日远，单父戴星劳。秀水遥通楫，岚峰欲妒袍。文弦一琴古，仙舄两凫高。家树喧朝鹊，乡亭寂夜獒。土风清是楚，才意苦于骚。讼少停霉索，吟多费健毫。平时洛中社，相忆醉含桃。"（《文恭集》卷六）

龚明之《梅圣俞与僧良玉诗》："昆山慧聚寺僧良玉，字蕴之，僧行甚高，旁通文史之学，又善书，工琴棋。因游京师，梅圣俞见而喜之，以姓名闻于朝，赐以紫衣。其东归也，圣俞以诗送之，曰：'来衣茶褐袍，归变椹色服。扁舟洞庭去，落日松江宿。水烟晦琴徽。山月上岩屋，野童遥相迎，风叶鸣橡槲。'后潜遁故山，专以讲经为务，号所居曰雨花堂。"（《中吴纪闻》卷一）

谢绛《答梅圣俞问隐》："圣俞一幅书，问我小隐居。小隐讵有异，筑室数亩余。岩壑不峻崒，田园非美腴。所欲近丘墓，岁时来扫除。先人梦读史，尊道本圣徒。绝笔于此诗，子孙无忽诸。刻石置中堂，且使过者趋。题榜为服训，义取铭盘盂。后岭双松亭，径术何透迂。下临富春渚，万象生有无。东偏作草舍，可以施琴壶。门前碧塘水，万本栽荷蕖。风来触香气，长着人衣裾。"（《宋诗纪事》卷八）

梅尧臣的《宛陵集》收录了他所作的50多首琴诗，从中反映了梅尧臣对古琴颇为精深的理解及体悟，记载了梅尧臣常与欧阳修、张先等友人在一起雅集，弹琴交流。例如，《张圣民席上听张令弹琴》："人知难熟独善弹，弹拍未终脂驾速。郑卫古来多喜闻，卒章为我歌淇奥。（时圣民赴齐少卿家会）"（《宛陵集》卷四十五）此诗讲述了梅尧臣在一位朝廷官员张圣民的宴席上，听张令弹琴，作诗表示称赞。从诗中可以得知，张令所弹的琴曲有《履霜》《绿水》等，"渔歌晚唱泛水来，天浸沧浪光可掬"，意境优美，呈现出了一幅美妙的画面。张令所弹琴曲还有蔡邕所创作的"蔡氏五弄"，这首琴曲难度颇高，但张令指

法娴熟,善弹此曲。张令在宴会快要结束时弹奏的琴曲为《淇奥》,《淇奥》是《诗经》中歌咏卫武公和淇竹的诗篇。可见,张令所弹琴曲曲目范围甚广,既有传统的琴曲,又有新改编创作的郑卫之音。

《若讷上人弹琴》:"祥哀已踰月,遇子弹鸣琴。安得不成声,子心异吾心。"《依韵和邵不疑以雨止烹茶观画听琴之会》:"弹琴阅古画,煮茗仍有期……此咨有深理,愿君劝且思。"《鸣琴》:"虽传古人声,不识古人意。古人今已远,悲哉广陵思。"《余姚令陈寺丞》:"试邑来勾越,风烟复上游。江潮自迎客,山月亦随舟。海货通闽市,渔歌入县楼。弦琴无外事,坐见浦帆收。"《依韵和普上人古琴见赠》:"独茧丝为弦,九窍珥为轸。弹风松飕飕,听水流泯泯。"《依韵和宋中道见寄》:"岁在涒滩初别子,子适广平裨郡理。廉颇台倾有遗址,今逢四方弓久弛。时不用兵皆乐乡,念我贫居天子庠……天驷有星名曰房,又欲乘马行幽荒。牛虽蹄莹马眼光,既不我驾路阻长。我怀炳炳何日忘,半夜揽琴弹履霜。"《次韵和长吉上人淮甸相遇》:"淮上一相遇,忆在京都时。虽惊岁月换,未改松桂姿。童侍两三人,瓶锡相与随。自言东越来,箧中多好诗。文字皆妥帖,业术无倾欹。前辈尝有言,清气散人脾。语妙见情性,说之聊解颐。始推杼山学,得非素所师……横琴乃玄悟,岂必弄鸣丝。古乐众少听,谁知彼吹篪。师旷没世后,伯牙众身悲。愿同黄鹄举,远归沧海涯。"《寄建德徐元舆》:"才子方为邑,千峰对县门。静寒琴意古,闲厌鸟声喧。山茗烹仍绿,池莲摘更繁。讼稀应物咏,庭下长兰荪。"《依许待制送行诗韵咏燕以寄》:"江燕衔泥日,深堂拂玉琴……掠水飞殊捷,迎风去已禁。短书犹可记,聊影托微吟。"《杂言送当世待制知杨州》:"广陵老人争持壶酒,朝言送少年使君,暮言迎少年太守,少年俱是玉墀人,文章快利生铜吼。莫作芜城赋,事往复何有。莫听嵇康琴,商声岂堪久。"(《宛陵集》卷五、卷六)

梅尧臣（1002—1060）

《鱼琴赋》并序："丁从事获古寺破木鱼，斫为琴，可爱玩，潘叔冶从而为赋，余又和之，将以道其事，而其怀曰：为琴之美者，莫若梧桐之孙枝，夫其生也，附崖石，远水涯，阴凝其腋，阳削其皮，曾亡漫戾，而沉实之韵资。（《宛陵集》卷六十）该文专门探讨古琴的制作材料，认为木鱼为斫琴良材。桐木指落叶乔木，其材质轻软，富有弹性，纹理细密，不翘不裂，其木质木液尽失，不易为虫所蚀，且隔热防潮不易火烧，为最佳斫琴之材。

宋祁（998—1061）

宋祁，字子京，雍丘（今河南商丘民权县）人，后徙安州安陆（今湖北省安陆市）。北宋官员、文学家、史学家、词人。天圣二年（1024）进士，初任复州军事推官，经皇帝诏试，授直史馆。历官龙图阁学士、史馆修撰、知制诰。宋祁曾与欧阳修等合修《新唐书》，嘉祐六年卒，年六十四，谥景文。宋祁与兄长宋庠并有文名，时称"二宋"。宋仁宗庆历三年（1043），宋祁为判太常寺。宋祁作为太常寺的最高主宰者，除具备朝廷礼仪制度及礼乐方面的知识外，还具有精湛的音乐修养。除能掌管礼乐之外，他对古琴也非常喜爱，对古琴有相当程度的研究，平日常弹琴会友，并作有多首琴诗。

《景文集》中收录了宋祁琴诗26首。例如，《将道洛先寄太师文相公》："鸟毛落尽那胜弹，桐尾烧焦敢望琴。前日化工依大冶，今兹旧物恃遗簪。尘容喜接荧煌座，未忍公然动越吟。"《惊乌》："远梦回时路已迷，三更霜月倚楼西。惊乌有底无穷恨，取向琴中作夜啼。"《哭公孙子正》："遗墨未乾园令札，悲弦长绝献之琴。嗟贤有梦龙占苦，对臆无言鹏坐阴。三步过车绵酹薄，死生从此隔朋簪。"《黄坦勾建昌簿》："灵风彻宴后，十幅曙帆飞。路入江山国，人兼彩绣衣。草堂空岫幌，偃室听琴徽。"《秋日四首》："禁林成宿荟，愚谷负深归。未识前途远，容知昨日非……君看琴中意，何尝在玉徽。"《挽张元常葬母夫人》："婴病曾无苦，期颐未满年。风酸吹棘地，露泣采兰天。庀具藏分泽，张琴委暗弦。江流终不竭，懿范此俱传。"《西斋夜思》："池风过处琴遗韵，墙月斜时树倒阴。几隐原灰同木槁，书翻故纲有鱼侵。漏壶渐促星榆转，独背簪灯拥薄衾。"

释则全（？—1045）

宋人编的《琴苑要录》中收录了释则全所著《指法》《节奏》。其中，《指法》收录了古琴右手指法30种，左手指法12种，解释了古琴双手指法弹奏方法，绘制了右手手势图20幅，左手手势12幅，并在每幅图上标明了下指的触弦点位置，比留存的唐人指法更为丰富。

《琴苑要录》：凡下指，先落指在弦上方用力，不可自空中下指。又不可弹出，只得寄指在次弦上。指法之要，按欲入木，弹欲弦绝。左手重按，右手轻弹之。左手轻按（泛声也），右手重弹之。轻弹向五、六徽间，重弹则近岳下，故有龟行鹤舞之势。

《琴苑要录》编撰的时代应为南宋初，其中所收录的琴论除了则全和尚《指法》《节奏》外，还有《古操十二章》《琴书》《琴声律图》《碧落子斫琴法》《琴色样法》《斫匠秘诀目录》《琴笺》《续琴笺》《风俗通·音声论》《姚兼济琴论》等珍贵的琴学资料，涵盖了古曲的题解、演奏方法、古曲名、左右手谱字、古琴的历史、结构、制琴方法、制琴口诀等内容。

刘敞（1019—1068）

刘敞，字原父，一作原甫，临江新喻荻斜（今属江西樟树）人，北宋史学家、散文家、学者、经学家。庆历六年（1046），刘敞与弟弟刘攽同中进士。刘敞自幼聪明，勤奋好学，精读经书。他为人耿直，立朝敢言，不畏权贵，为政有绩，学识渊博，著有《公是集》。

刘敞曾作琴诗《舟次颍上寄贡甫》赠予弟弟刘攽，表达心中的思念和倾诉："我诗持寄君，宛在汝水浔。君诗欲寄我，苍茫烟浪深。寒水争赴壑，驶流激清音。扁舟溯游往，寂寞嗟独寻。颍烟稍塞望，淮月初清心。恨无知赏同，樽酒谁献斟。相思意不极，宛抑诉鸣琴。"（《公是集》卷十）

刘敞与欧阳修、梅尧臣、江邻几交好，他们时常在一起弹琴赋诗。宋仁宗嘉祐二年（1057），沈遵任建州通判。几位好友作诗赠予沈遵为他送行，沈遵弹奏琴曲《醉翁吟》，刘敞作诗《同永叔赠沈博士》："我不识醉翁亭，又不闻醉翁吟。但见醉翁诗，爱彼绝境逢良琴。"（《公是集》卷十六）

刘敞《和江邻几雪轩与持国同赋》："长安虽大雪，车马无休时。穷巷有高士，闭门独何为。朝烟不黔突，弹琴方赋诗。"（《公是集》卷十）

宋仁宗嘉祐五年（1060）三月，梅尧臣调都官员外郎，刘敞上门祝贺。刘敞与欧阳修、梅尧臣三人常在一起弹琴吟诗。例如，刘敞《和永叔夜坐鼓琴二首》："所以匣中琴，寂寂少人知。淳和太平风，简淡邈古时。得意亦忘言，居然见无为。非公蕴真乐，此道谁复期。知音古亦少，况乃今人乎。至和动殊类，此则今世无。舜韶舞百兽，事可观于书。但非耳目接，便自疑其虚。谁谓今之人，反不如兽欤。大音盖希声，聋俗或万殊。中孚有不化，嗟嗟乎豚鱼。"(《公是集》卷十五)

《公是集》中收录了刘敞琴诗32首。例如，《春暮到小园》："客子成春服，商弦应鸣琴。独行迕世俗，长往期山林。庭竹风正驶，池波雨已深。临流窥跃鱼，倚杖聆迁禽。顺时寄俯仰，适兴契飞沈。试谢及门客，未惭招隐吟。"《雨中独居有怀江梅》："晨起风雨交，萧萧秋意寒。出门无所诣，行道如此难。思我平生游，相得他日欢。兴来未尝约，趣合不待言。浊酒有与醉，孤琴能一弹……浮云归无期，宿草秋向残。独咏鸡鸣诗，一唱三四叹。"《送子南》："南师鼓琴者，余力推步精……朝廷富贵人，宠辱心若惊。闻至必解榻，招邀剧生平。以兹禄命术，独得当时名。朱弦与素徽，弃置莫为听。往往默自抚，或疑非断声。红尘车马中，随俗翻营营。振衣忽长叹，吾已知时情。卷橐邺东下，野风萧然清。且赍山水意，永待钟期生。"《城头乌》："城头月出天正白，众乌惊飞啼夜色。枝高风多露新滴，畏声恶影不能息。愁人感之援鸣琴，拂弦成声泪沾襟……白头反哺无所恨，桓山分飞独何心。"

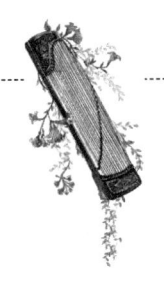

刘攽（1023—1089）

刘攽，字贡夫，号公非，江西省樟树市黄土岗镇荻斜墨庄刘家人。北宋史学家，刘敞之弟。庆历进士，官至中书舍人。他出自诗书世家，一生潜心史学，治学严谨。其著有《彭城集》。

宋仁宗庆历八年（1048），刘攽的琴友苏舜钦谪姑苏卒于吴中，刘攽作诗怀念亡友。

刘攽《中山诗话》：江邻几善为诗，清淡有古风。苏子美坐进奏院事谪官，后死吴中。江作诗云："郡邸狱冤谁与辩？皋桥客死世同悲。"用事甚精当。尝有古诗云："五十践衰境，加我在明年。"论者谓莫不用事，能令事如己出，天然浑厚，乃可言诗，江得之矣。江天质淳雅，喜饮酒、鼓琴、围棋，人以酒召之，未尝不往，饮未尝不醉，已醉眠，人强起饮之，亦不辞也。

刘攽《和杨十七伤苏子美》：苏君在朝素机警，气排青云力扛鼎。鹓鸿遇风鄙巢栖，骐骥得涂嗤坎井。千金置酒宴长夜，锦绣照烂丝篁静……生平相望不相接，凛凛气概吾能省。川流既逝安可回，骏骨虽买何由骋。知君金石尝定交，末路人琴俱不幸。（《彭城集》卷八）

苏舜钦（1008—1048），字子美，祖籍梓州铜山（今四川中江），北宋词人。江休复（1005—1060），字邻几，河南开封陈留人。他淡泊闲远，喜琴酒，为文淳雅，尤善于诗。苏舜钦与江休复是刘攽的琴友。刘攽在《中山诗话》中记述江休复"喜饮酒、鼓琴、围棋"，可知苏舜钦、江休复、刘攽常一起弹琴。

刘攽的诗文由后人结集汇编成《彭城集》，《彭城集》中收

刘攽（1023—1089）

录了他的琴诗13首。比如，《和原父同江邻几过净土院观古殿吴道子画杨惠之塑像及显僧传当世贵人形骨仁僧鼓琴作》："真赏非俗嗜，雅游知胜缘。百身化前佛，方丈纳诸天。工以智自表，名由高益传。吴生擅粉绘，杨氏妙钧埏。"《澄心寺后阁弹琴》："亦有琴上弦，尽得天外音。试复向城市，余响终难寻。"《次韵和罗著作风琴诗送毕长官》："君不见长风寥寥起山林，大木怒呺喧万窍。是为天籁来无方，中有知音全众妙。洛阳琴工夸死桐，齐鲁诸儒颂清庙。刻商变羽不得骋，击手高张空改调。岂如风琴得自然，但令雕虎长清啸。"《酬晁单州》："弹琴君子邑，贤守智逾多。不作长沙赋，仍传白雪歌。解酲应用酒，成佛却须魔。"

文同（1018—1079）

文同，字与可，号笑笑居士，梓州梓潼郡永泰县（今属四川绵阳市盐亭县）人。北宋诗人、画家。以学名世，擅诗文书画，为文彦博、司马光等人赞许。宋仁宗皇祐元年（1049 年）进士，迁太常博士、集贤校理，文同一生退避党争，为官清廉，善琴，他在政事之余，便是弹琴著书。

文同的朋友中有不少精于古琴的道士、僧侣及隐士，这从文同的诗歌中可以得知。比如，《李道士惠琴轩集》曰："寿宁孙老画壁下，当日偶同君此行。是时众里略一挥，自尔乃得君时名……见投琴轩两大集，宝匣金钥缄瑶琼。"《李坚甫净居杂题一十三首·琴室》："将何写幽意，有此古桐声。为问好弹处，谁来听蟹行。"《听天台处士弹琴》："处士得琴要，谁师师自然……耳出淫哇外，心摇寂寞前。广陵君且止，不欲慢商弦。"《吾友务深有叹琴之什运使子骏答之佳章务深亦使余继作》："白水满方湖，山中好秋色。遍翁促瑶轸，来坐湖水侧。临风起高调，此兴浩无极……且莫缓商弦，令人涕横臆。"《题何靖山人隐居》："锦屏山下何夫子，铁带麻衣真古人。苦学诗来偷鬓老，乐为儒后却家贫。酒中酌月江村夜，琴上弹风鹤寺春。"

文同的好友居云也是个隐而不仕的文人。居云虽饱读诗书，却结茅层峦，幽隐于林泉之下。居云藏有一琴，名"古溜"，筑一室，名"栖枝"。居云善弹《履霜操》，文同常与他在山水之中，弹琴同调。文同在《任居云栖枝阁》中曰："峨峨仙鸾山，杳杳山上阁。道傍问耕者，居云之所作……江风拂危栏，涧月满疏箔。独横古溜琴，远意追淡泊。萧萧履霜操，隐隐天外落。"

文同对琴曲《水仙操》的杳渺之趣、清逸之韵心有戚戚，作《水仙操》："嗟哉先生去何所兮，杳不可寻。舍我于此使形影之外兮，唯莽苍之山林。仰圆峤之峨峨兮，俯大壑之沉沉。长波颓涌以荡漰兮，群鸟翻翻而悲吟。寂扰扰之烦虑兮，纳冥冥之至音。先生将一我之正性兮，何设意之此深。我已穷神而造妙兮，达真指于素琴。"

琴曲《水仙操》取材于伯牙学琴的故事。相传，伯牙学琴于成连先生，三年不成。成连说："我师方子春在东海中，能移人情。"乃与俱至海上，成连刺船而去，旬时不返。伯牙延望无人，但闻海水汹涌，林岫杳冥，萃鸟凋啾。悄然而悲曰："先生移我情哉！"援琴而作水仙之曲。

文同与苏轼是表兄弟，深受苏轼敬重。苏轼与文同常通过诗词唱和、书信来往保持着紧密的联系。宋神宗元丰二年（1079）正月二十日，文同病逝于赴湖州任太守途中的陈州（今河南淮阳）驿舍，苏轼得知噩耗，悲痛欲绝，"气噎悒而填胸"，作《祭文与可文》悼念文同："与可能复饮此酒也夫？能复赋诗以自乐，鼓琴以自侑也夫？"（见《东坡全集》卷九十一）宋代范百禄为文同作墓志铭《宋故尚书司封员外郎充秘阁校理新知湖州文公墓志铭》曰："斋居一室，书史图画，罗列左右，弹琴著文，寒暑不废。"

元丰三年（1080）正月，文同逝世一年，苏轼离京赴黄州，途经陈州，协助料理文同后事。正月十四日，苏轼离开陈州赴黄州，感叹文同已魂归故里，而自己却为了仕途在外漂泊。四五月间，文同灵柩过黄州，苏轼又写下《黄州再祭文与可文》，追悼文同。元丰四年（1081），在文同去世后两年，苏轼追忆文同，在黄州贬所为文同的藏琴题铭，作《文与可琴铭》（《东坡全集》卷九十六）。文同家中藏有古琴，苏轼题铭曰："攫之深，醳之愉。"言其指法之妙，可见文同是一个精于古琴的文人。

宋哲宗元祐元年（1086），苏轼作琴诗《书文与可墨竹》，

曰："空遗运斤质，却吊断弦人。"苏轼运用古琴典故"断弦"，将自己与文同的友谊比作伯牙子期，以思念亡友。

文同的《丹渊集》中收录他所作琴诗22首，文同身居庙堂，内心向往的却是大自然的安静闲适，他在诗中多次呈现了这种弹琴赋诗的闲适生活。比如，《静中吟》："客去复掩户，高松下清阴。微风动其间，对语双珍禽。幽人独凭几，听此古意深。起来南窗下，被以朱弦琴。弹之代佳话，俚耳谁知音。"《邛州东园晚兴》："公休时得岸轻纱，门外谁知吏隐家。斗鸭整群翻荇叶，乳乌无数堕松花。携琴秀野弹流水，设席芳洲咏落霞。"《李坚甫净居杂题一十三首·棋室》："身闲无可奈，惟此度晨昏。与客正争局，问谁休叩门。"《郡斋水阁闲书·推琴》："点点新萍帖水，蒙蒙乱絮萦风。尽日推琴默坐，有人池上亭中。"

司马光（1019—1086）

司马光，字君实，陕州夏县（今山西夏县）涑水乡人，世称涑水先生。北宋政治家、史学家、文学家，著有《传家集》，该文收录司马光20首琴诗。

宋仁宗皇祐二年（1050）十一月，胡瑗被召赴大乐所，定钟磬制度。司马光、范镇参与考证。

司马光《景福东厢诗·同景仁寄修书诸同舍》：烈火非不猛，不耗百炼金。寒霜非不严，不雕竹柏林。小人势利合，倾覆无常心。君子道德亲，白道犹视今。诸君闱台秀，相得如璆琳。离群一昔期，乃尔动悲吟……愿名思友操，播这清徽琴。

《新买迭石溪庄再用前韵招景仁》："一溪清水佩声寒，两岸莓苔锦绣斑。三径谁来卜邻舍，千峰我已作家山……早挈琴书远相就，放歌烂醉白云间。"（《传家集》）

从以上司马光两首琴诗的内容可知，他与范镇时常一起弹琴读书。除此之外，司马光还作有多首琴诗。如《归田诗》："沉冥观礼乐，仿佛见虞黄。鸡黍延三径，琴书乐一堂……"《题杨中正供奉洗心堂》："一室琴书隘，三年园圃稀。民时论事业，肯复让轻肥。"《玉徽亭》："房公昔漂泊，置酒此鸣琴……松竹含虚籁，犹疑弦上音。"《和利州鲜于转运公居八咏·异堂》："时逢志所惬，下榻同欢如。琴棋间壶觞，赋咏杂歌呼。"《和始平公梦中有怀归之念作诗始得两句而寤因足一章》："至人养天真，视此犹婴缚。出入金鼓威，寤寐琴樽乐。乃知伊吕心，未始忘丘壑。"《送雷章秘丞知芮城》："俗被圣贤化，人多礼让心。夫君老经术，终日想鸣琴。"

韩琦（1008—1075）

韩琦（1008—1075），字稚圭，自号赣叟，相州安阳（今河南安阳）人。北宋政治家、词人。韩琦一生历经真宗、仁宗、英宗、神宗四朝，为仁宗、英宗、神宗三朝宰相。韩琦为政闲余，弹琴赋诗，极有雅致，他在家中收有大量阁谱，并传其曾孙韩侂胄。

韩琦著有《安阳集》五十卷，收录他所作与琴相关的诗文16篇。例如，《次韵答致政欧阳少师退居述怀二首·其二》："尘俗徒希勇退高，几时投迹混耕樵。神交不间川涂阔，直道难因老病消。魏境民流河抹岸，颍湖春早柳萦桥。相从谁挹浮邱袂，左右琴书酒满瓢。"《初会醉白堂》："因建新堂慕昔贤，本期归老此安然。轻阴竹满窗间月，倒影莲开水下天。自向酒中知有德，更于琴外晓无弦。霓裳百指非吾事，只学醺酣石上眠。"《枢廷对竹》："一纪前曾对此君，依然轩槛喜重亲。丹心自觉同高节，青眼相看似故人。不杂嚣尘终冷淡，饱经霜雪尚精神。枢廷岂是琴樽伴，会约幽居称幅巾。"（《安阳集》卷十七）

韩琦所藏阁谱是浙派琴谱的源头。袁桷《题徐天民草书》曰："甲申、乙酉间，余尝受琴于瓢翁，问谱所从来，乃出韩忠献家。盖通南北传，皆《阁谱》……延祐六年仲夏丁丑，越袁桷书。"（《清容居士集》卷四十九）

苏轼（1037—1101）

苏轼，字子瞻，号东坡居士，世称苏东坡，眉州眉山（今属四川省眉山市）人，北宋著名文学家、书法家、画家。宋仁宗嘉祐四年（1059）冬，苏轼、苏辙随父亲苏洵从四川去湖北，两人在船上听父亲弹琴，苏轼作《舟中听大人弹琴》："弹琴江浦夜漏永，敛衽窃听独激昂。"（《苏诗补注》卷一）

宋仁宗嘉祐六年（1061）十一月（后），苏轼与友人弹琴饮酒，作《和刘长安题薛周逸老亭周最善饮酒未七十而致仕》："近闻薛公子，早退惊常流。买园招野鹤，凿井动潜虬……山鸟奏琴筑，野花弄闲幽……"（《苏诗补注》卷三）

宋仁宗嘉祐七年（1062）二月，苏轼游终南山，道士赵宗有携琴相送，鼓《鹿鸣》之章。其时，苏轼作《壬寅二月有诏令郡吏分往属县减决囚禁十三日受命出府至宝鸡虢郿盩厔四县既毕事因朝谒太平宫而宿于南溪溪堂遂并南山而西至楼观大秦寺延生观仙游潭》，将游山弹琴的经历作诗寄给弟弟苏辙。

十九日乃归。作诗五百言，以记凡所经历者寄子由：远人罹水旱，王命释俘囚。分县传明诏，寻山得胜游。萧条初出郭，旷荡实消忧。薄暮来孤镇，登临忆武侯……尹生犹有宅，老氏旧停辀。问道遗踪在，登仙往事悠。驭（一作御）风归汗漫，阅世似蜉蝣。羽客知人意，瑶琴系马秋……帝子传闻李，岩堂仿像缑。轻风帏幔卷，落日髻鬟愁。（《苏诗补注》卷三）

诗中"羽客知人意，瑶琴系马秋。"指驾车时将琴系在络于马后的革带上，说明古琴早已成为苏轼随身携带之物。

宋仁宗嘉祐八年（1063），苏轼作《次韵子由弹琴》，感叹

自己久未弹琴。

《次韵子由弹琴》：琴上遗声久不弹，琴中古意本长存……应有仙人依树听，空教瘦鹤舞风骞。谁知千里溪堂夜，时引惊猿撼竹轩。（《苏诗补注》卷四）

苏轼在此诗后附苏辙《大人久废弹琴比借人雷琴以记旧曲十得三四率尔拜呈》，苏辙也讲述了苏轼久未弹琴的情形："久厌凡桐不复弹，偶然寻绎尚能存。仓庚鸣树思前岁，春水生波满旧痕。"

宋英宗治平元年（1064）八月十一日，苏轼作《纪梦》，记述自己游山弹琴。

苏轼《纪梦》：我归自南山，山翠犹在目……有如采樵人，入洞听琴筑。归来写遗声，犹胜人间曲。

苏轼彼时与琴相伴，作《重游终南子由以诗见寄次韵》《谢苏自之惠酒》，过着"古琴弹罢风吹座，山阁醒时月照杯""有时客至亦为酌，琴虽未去聊忘弦"的生活。

《重游终南子由以诗见寄次韵》：去年新柳报春回，今日残花覆绿苔。溪上有堂还独宿，谁人无事肯重来。古琴弹罢风吹座，山阁醒时月照杯……

《谢苏自之惠酒》：……我今不饮非不饮，心月皎皎常孤圆。有时客至亦为酌，琴虽未去聊忘弦……（《苏诗补注》卷五）

宋神宗熙宁五年（1072）秋至十二月，苏轼作《莘老葺天庆观小园有亭北向道士山宗说乞名与诗》，描述道士弹琴情形。

《莘老葺天庆观小园有亭北向道士山宗说乞名与诗》：春风欲动北风微，归雁亭边送雁归。蜀客南游家最远，吴山寒尽雪先晞……惟有道人应不忘，抱琴无语立斜晖。（《苏诗补注》卷八）

宋神宗熙宁六年（1073）立秋日，苏轼携琴与友人宿灵隐寺，作《立秋日祷雨宿灵隐寺同周徐二令》。

《苏诗补注》卷十：起癸丑立秋尽，九月在杭州通守任作。

《立秋日祷雨宿灵隐寺同周徐二令》：百重堆案掣身闲，一叶秋声对榻眠。床下雪霜侵户月，枕中琴筑落阶泉……

宋神宗熙宁七年（1074）六月至十二月间，苏轼作《听僧昭素琴》《听贤师琴》。

《苏诗补注》卷十二：起熙宁甲寅六月，自常润回钱塘，九月后移知密州尽，十二月作。《听僧昭素琴》：至（一作温）和无攫醳，至平无按抑……此心知有在，尚复此微吟。

《听贤师琴》：……门前剥啄谁叩门，山僧未闲君勿嗔。归家且觅千斛水，净洗从前筝笛耳。

苏轼此年37岁，距其22岁初次听琴已过十余载，从这两首诗可看出，通过对弹琴的体验与积累，苏轼开始关注古琴音色、音调，探讨弹琴时内心和琴音的关系，他认为通过琴音可以驱散内心的不和之气。可见，苏轼更为深入地体会及研究古琴之内涵。苏轼作这首《听贤师琴》源于他与欧阳修讨论古琴相关问题，欧阳修曾问苏轼，琴诗哪一首最好，苏轼认为是韩愈的《听颖师弹琴》，欧阳修曰："此诗最奇丽，然非听琴，乃听琵琶也。"苏轼回去后便作此诗，正想寄给欧阳修，不料此时欧阳修已去世。见东坡词《水调歌头·昵昵儿女语》："欧阳文忠公尝问余：'琴诗何者最善？'答以退之《听颖师琴》诗最善。公曰：'此诗最奇丽，然非听琴，乃听琵琶也。'余深然之。建安章质夫家善琵琶者，乞为歌词，余久不作，特取退之之词，稍加隐括，使就声律，以遗之云。昵昵儿女语，灯火夜微明。恩怨尔汝来去，弹指泪和声。忽变轩昂勇士，一鼓填然作气，千里不留行。回首暮云远，飞絮搅青冥。众禽里，真彩凤，独不鸣。跻攀寸步千险，一落百寻轻。烦子指间风雨，置我肠中冰炭，起坐不能平。推手从归去，无泪与君倾。"

宋神宗熙宁八年（1075），苏轼在密州任知州，作《和顿教授见寄用除夜韵》《张安道乐全堂》，论无弦琴。

《和顿教授见寄用除夜韵》：我笑陶渊明，种秫二顷半。妇

言既不用，还有责子叹。无弦则无琴，何必劳抚玩……二豪苦不纳，独以锸自伴。既死何用埋，此身同夜旦。

《张安道乐全堂》：列子御风殊不恶，犹被庄生讥数数。步兵饮酒中散琴，于此得全非至乐……平生痛饮今不饮，无琴不独琴无弦。（《苏诗补注》卷十三）

宋神宗熙宁十年（1077）正月，苏轼从密州去往京师。四月，苏轼与苏辙经过南都拜访张方平，后同赴徐州。同年，苏轼作琴诗《次韵景仁留别》《赠王仲素寺丞》。

《苏诗补注》卷十五：起熙宁十年丁巳正月，自密州至京师，四月后赴徐州任尽一年作。

《次韵景仁留别》：公老我亦衰，相见恨不数。临行一杯酒，此意重山岳。歌词白纻清，琴弄黄钟浊。

《赠王仲素寺丞》：……明珠照短褐，陋室生虹霓。虽无孔方兄，顾有法喜妻。弹琴一长啸，不答阮与嵇。曹南刘夫子，名与子政齐。

苏轼在《次韵景仁留别》一诗中描述他与友人临别前喝酒弹琴的情形："临行一杯酒，此意重山岳。歌词白纻清，琴弄黄钟浊。"而《赠王仲素寺丞》则为苏轼赠予友人的一首诗，其中"弹琴一长啸，不答阮与嵇"反映了苏轼洒脱的人生态度。

宋神宗元丰元年（1078）秋冬，苏轼作《张安道见示近诗》，有"少年有奇志，欲和南风琴"句。（《苏诗补注》卷十七）苏轼在此诗后附《附子由次韵》，为苏辙所作《次韵子瞻题张公诗卷后》："世俗甘枉尺，所愿求直寻。不知一律讹，大乐无完音。见利心自摇，虑害安得深。至人不妄言，淡如朱丝琴。悲伤感旧俗，不类骚人淫。"诗中"至人不妄言，淡如朱丝琴"将做人比作弹琴，认为琴宁静而闲远、纯古而淡泊，做人应像朱丝琴一样淡泊不妄言。这与苏轼《送俞节推》中"吴兴有君子，淡如朱丝琴"的观点是一致的。

该年十一月初八日，苏轼作《放鹤亭记》，陶醉于放鹤之

苏轼（1037—1101）

歌："黄冠草屦，葛衣而鼓琴。"

《经进东坡文集事略》曰：熙宁十年秋，彭城大水，云龙山人张君之草堂，水及其半扉。明年春，水落，迁于故居之东，东山之麓……郡守苏轼，时从宾佐僚吏往见山人，饮酒于斯亭而乐之。揖山人而告之曰："子知隐居之乐乎？虽南面之君，未可与易也"。《易》曰："鸣鹤在阴，其子和之。"《诗》曰："鹤鸣于九皋，声闻于天。"……山人忻然而笑曰："有是哉！"乃作放鹤招鹤之歌曰：……鹤归来兮，东山之阴。其下有人兮，黄冠草屦，葛衣而鼓琴。躬耕而食兮，其余以汝饱。归来归来兮，西山不可以久留！元丰元年十一月初八日记。（《经进东坡文集事略》五十一卷）

此文为苏轼谪贬徐州时所作，文中记述了他在拜访云龙山张君时所讨论的问题。苏轼提出，鹤本是清远闲放之物，但卫懿公却因好鹤而亡国。酒本是荒惑败乱之物，但"刘伶阮籍之徒"却因酒而出名。山人解释，隐山林的人酒色都不能惑乱，何况是鹤呢，并作有让苏轼陶醉的放鹤之歌："黄冠草屦，葛衣而鼓琴。"

同年，张先逝世，苏轼作《祭张子野文》，曰："人亡琴废，帐空鹤唳。"见《东坡全集》卷九十一："……堂有遗像，室无留壁。人亡琴废，帐空鹤唳。酹觞再拜，泪溢两眦。"张先（990—1078），字子野，乌程（今浙江湖州）人，宋代著名词人，精通音乐及琴、筝、琵琶等乐器。张先与梅尧臣、欧阳修、苏轼是好朋友，时常弹琴聚会。苏轼曾作《张子野戏琴妓》一文："尚书郎张先子野，……见杭妓有弹琴者，忽抚掌曰：'异哉，此筝不见许时，乃尔黑瘦耶？'"（《说郛》卷一百）

同年正月二十九日，苏轼与王适、苏迈等八人游历桓山，听戴道士弹琴，作《游桓山记》。

元丰二年正月己亥晦，春服既成，从二三子游于泗之上。登桓山，入石室，使道士戴日祥鼓雷氏之琴，操《履霜》之遗

音，曰："噫嘻悲夫，此宋司马桓魋之墓也。"或曰："鼓琴于墓，礼欤？"（《东坡全集》卷三十六）

同年三月，苏轼作《游桓山会者十人以春水满四泽夏云多奇峰为韵得泽字》，有"弹琴石室中，幽响清磔磔"句，作《戴道士得四字代作》，有"赖此三尺桐，中有山水意。自从夷夏乱，七丝久已弃。心知鹿鸣三，不及胡琴四"句。

《游桓山会者十人以春水满四泽夏云多奇峰为韵得泽字》：弹琴石室中，幽响清磔磔。吊彼泉下人，野火失枯腊。悟此人间世，何者为真宅。

《戴道士得四字代作》：少小家江南，寄迹方外士。偶随白云出，卖药彭城市。雪霜侵鬓发，尘土污冠袂。赖此三尺桐，中有山水意……心知鹿鸣三，不及胡琴四。使君独慕古，嗜好与众异。（《苏诗补注》卷十八）

三月，苏轼由徐州调任太湖滨的湖州，与秦观顺路同行，两人过无锡，游惠山，有诗唱和，端午始分别。惠山，邑中名胜，自古名人骚客多所趋集，苏轼常游惠山弹琴作诗，其《焦千之求惠山泉诗》曰："兹山定空中，乳水满其腹。遇隙则发见，臭味实一族。浅深各有值，方圆随所蓄。或为云汹涌，或作线断续。或鸣空洞中，杂佩间琴筑。"（《东坡全集》卷三）南宋时人楼钥也游惠山，作琴诗，如《游惠山》："石径萦回入翠林，廿年故步喜重寻……调琴瀹茗清无限，倦客忘归到夕阴。"（《攻媿集》）

元丰二年（1079）五月至十二月，苏轼作《送俞节推》，有"吴兴有君子，淡如朱丝琴"句。（《苏诗补注》卷十九）

八月，苏轼在御史台狱中，苏辙寄诗为兄赎罪，神宗见之，薄其罪，谪居黄州。十二月二十六日，"乌台诗案"结案，苏轼充黄州团练副使，本州岛安置。（《宋史·隐逸传》）其妻王氏将御史台抄家后残存的苏轼诗文，付之一焚。十二月二十九日，圣谕下发，苏轼贬往黄州，充团练副使，但不准擅离该地区，

并无权签署公文。

宋神宗元丰三年（1080）二月，苏轼到达黄州。友人为他请到城东废地数十亩，让他开垦耕种，这就是著名的"东坡"。四月至五月（约），苏轼写下《黄州再祭文与可文》。五月，苏轼始著《东坡易传》。苏轼赴黄州途中，友人陈慥（陈季常）专门前往迎接。后苏轼曾三次拜访陈慥，陈慥则七次来黄州看望苏轼。

苏轼谪居黄州期间，陈处士谒访，正逢苏轼与客人弹琴。

《渑水燕谈录》卷四：子瞻虽才行高世而遇人温厚，有片善可取者，辄与之倾尽城府，论辨唱酬，间以谈谑，以是尤为士大夫所爱。间遭金人媒蘖，谪居黄州。有陈处士者，携纸笔求书于子瞻，会客方鼓琴，遂书曰："或对一贵人弹琴者，天阴声不发，贵人怪之，曰：'岂弦慢邪？'对曰：'弦也不慢。'"子瞻之清谈善谑，皆此类也。

宋神宗元丰四年（1081）正月二十日，苏轼又至岐亭拜访陈慥。六月二十三日，陈季常访苏轼，苏轼作《杂书琴事》以赠之。

陶宗仪《说郛》卷一：元丰四年六月二十三日，陈季常处士自岐亭来访予，携精笔佳纸妙墨求予书。会客有善琴者，求予所蓄宝琴弹之，故所书皆琴事。

苏轼《杂书琴事》包括《家藏雷琴》《欧阳公论琴诗》《琴非雅声》《张子野戏琴妓》《琴贵桐孙》《戴安道不及阮千里》《文与可琴铭》《琴鹤之祸》《天阴弦慢》《桑叶揩弦》等篇目内容。

该年，苏轼在黄州写下"头畔枕屏山掩恨，日昏尘暗玉窗琴""头白自吟悲赋客，断肠愁是断弦琴""抱琴转轴无人见，门外空闻裂帛声"等诗句，反映了苏轼被贬黄州后孤寂凄凉的境遇。

《次韵回文三首》：羞云敛惨伤春暮，细缕诗成织意深。头畔枕屏山掩恨，日昏尘暗玉窗琴。

《题织锦图上回文三首》其三：羞看一首回文锦，锦似文君别恨深。头白自吟悲赋客，断肠愁是断弦琴。

《四时词》：新愁旧恨眉生绿，粉汗余香在蕲竹。象床素手熨寒衣，烁烁风灯动华屋。夜香烧罢掩重扃，香雾空濛月满庭。抱琴转轴无人见，门外空闻裂帛声。（《苏诗补注》卷二十一）

同年，也是文同去世后两年，苏轼在黄州贬所作《文与可琴铭》，追忆故人。（《东坡全集》卷九十六。）

宋神宗元丰六年（1083）闰六月，苏轼作《琴诗》。

《苏诗补注》卷二十一：元丰六年闰六月。若言琴上有琴声，放在匣中何不鸣？若言声在指头上，何不于君指上听？

苏轼在黄州常至赤壁游览，著《念奴娇·赤壁怀古》，七月十六日和十月十五日先后两次泛舟赤壁之下的长江，写有《前赤壁赋》和《后赤壁赋》。

宋神宗元丰六年（1083）九月，张舜民赴郴州贬所途经黄州，见到先前已贬在黄州的苏轼，两人从此建立深厚的友谊。此年，苏轼作《记游定惠院》《答濠州陈章朝请》等文，讲述自己在黄州会客弹琴的情形。

《记游定惠院》：黄州定惠院东小山上，有海棠一株，特繁茂。每岁盛开，必携客置酒，已五醉其下矣。今年复与参寥禅师及二三子访焉，则园已易主。主虽市井人，然以予故，稍加培治。山上多老枳木，性瘦韧，筋脉呈露，如老人头颈。花白而圆，如大珠累累，香色皆不凡。此木不为人所喜，稍稍伐去，以予故，亦得不伐。既饮，往憩于尚氏之第。尚氏亦市井人也，而居处修洁，如吴越间人，竹林花圃皆可喜。醉卧小板阁上，稍醒，闻坐客崔成老弹雷氏琴，作悲风晓月，铮铮然，意非人间也。（《苏轼文集》）

《答濠州陈章朝请》：每辱不遗，时枉书问，感怍深矣。比日起居佳胜。某自窜逐以来，不复作诗与文字。所谕四望起废，固宿志所愿，但多难畏人，遂不敢尔。其中虽无所云，而好事

者巧以酝酿，便生出无穷事也。切望怜察。示谕学琴，足以自娱，私亦欲耳。但老懒不能复劳心尔。有庐山崔闲者，极能此，远来见客，且留之，时令作一弄也。江倅递中辱书，此人回，深欲裁谢。适寒苦嗽，而此人又告去甚急，故未果，且为道此。其子文格甚高，议论与世俗异矣。可畏。刘宗古近过此，甚安健，绝无迁谪意。江亲亦可与言。（《东坡全集》卷八十一）

十月初四日，苏轼撰文论述唐代雷氏琴的流传及渊源。

《东坡志林》卷七：唐雷氏琴，自开元至开成间世有人，然其子孙渐志于利，追世好而失家法，故以最古者为佳，非贵远而贱近也。予家有一琴，其中铭云：开元十年造。雅州灵关村雷家记八日合。未晓"八日合"为何等语也。庐山处士崔成老弹之，以为绝伦云。元丰六年十月初四日书。

宋神宗元丰七年（1084）四月，苏轼由黄州改授汝州团练副使，本州岛安置。五月至七月，苏轼携琴游庐山，作《开先漱玉亭》。

《开先漱玉亭》：……荡荡白银阙，沉沉水精宫。愿随琴高生，脚踏赤鲩公。手持白芙蕖，跳下清泠中。（《苏诗补注》卷二十三）

同年八月（后），苏轼作《蔡景繁官舍小阁》，讲述自己在官舍弹琴喝酒的生活情形。

《蔡景繁官舍小阁》：使君不独东南美，典型长记先君子。戏嘲王叟短辕车，肯为徐郎书纸尾。三年弭节江湖上，千首放怀风月里……素琴浊酒容一榻，落霞孤鹜供千里。（《苏诗补注》卷二十四）

宋神宗元丰八年（1085）十一月，苏轼离开登州回京师，匆匆告别友人，作《留别登州举人》，写下"落笔已吞云梦客，抱琴欲访水仙师"的诗句。

《苏诗补注》卷二十六：元丰乙丑五月后起知登州，十月到任，十一月以礼部郎还朝，除起居舍人作。《留别登州举人》：

身世相忘久自知，此行闲看古黄睡。自非北海孔文举，谁识东莱太史慈。落笔已吞云梦客，抱琴欲访水仙师……

宋哲宗元祐元年（1086）年，苏轼作琴诗《书文与可墨竹》《次韵朱光庭喜雨》，怀念文同。

《苏诗补注》卷二十七："哲宗元祐元年丙寅春，自右史除中书舍人。十月擢翰林学士，知制诰一年中作。《书文与可墨竹》：笔与子皆逝，诗今谁为新。空遗运斤质，却吊断弦人。《次韵朱光庭喜雨》：久苦赵盾日，欣逢傅说霖……破屋常持伞，无薪欲爨琴。清诗似庭燎，虽美未忘箴。

其中，《书文与可墨竹》曰：空遗运斤质，却吊断弦人。"苏轼运用古琴典故"断弦"，将自己与文同比作伯牙、子期，用以表达对亡友的思念之情。《次韵朱光庭喜雨》曰："破屋常持伞，无薪欲爨琴。"此诗后苏辙也有"流膏侵地轴，晴意动风琴。谁似臣居易，先成喜雨箴"的诗句。可见苏轼兄弟二人与文同情谊至深。

宋哲宗元祐二年（1087）春夏，苏轼作《次韵子由送家退翁知怀安军》。

《苏诗补注》卷二十八：元祐二年丁卯春夏，官翰林学士时作。《次韵子由送家退翁知怀安军》：吾州同年友，粲若琴上星……鼓笛方入破，朱弦微莫听。

六月一日，文彦博上第一表奏丧礼应用祥琴，请举乐。前四表不允，第五表从之（《宋会要辑稿》礼三五）。即日，苏轼指出文彦博上第一表"丧礼应用祥琴，请举乐"不允批答的原因，认为"礼之至者无文，哀之深者无节""琴不成声，君子以为知礼"。

《赐文武百寮太师文彦博已下上第一表请举乐不允批答》（元祐二年六月一日）：礼之至者无文，哀之深者无节。故禫而不乐，古人非以求名；琴不成声，君子以为知礼。朕以宗庙之重，勉蹈先帝之余。履其位惕然而自惊，用其物潸焉而出涕。未报

苏轼（1037—1101）

昊天罔极之德，常怀终身不忘之忧。欲从众言，亟举备乐。而金石丝竹，乃凄耳之声。干戚羽旄，皆泫目之具。哀既未泯，乐何从生。再阅来章，徒增感慕。（《东坡全集》表一百十三）

六月九日，苏轼针对文彦博上第四表不允批答而指出其"琴瑟之御，则有未安"。

苏轼《赐文武百寮太师文彦博已下上第四表请举乐不允批答》（元祐二年六月九日）：钟鼓以导和，羽龠以饰喜。譬之饮食之节，适于口体之宜。今衰麻之除，莫敢愈制；而琴瑟之御，则有未安。卿等忠诚确然，开喻至矣。惟反求诸心而弗得，故欲行其言而未能。推之人情，当识朕意。（《东坡全集》表一百十三）

同年，苏轼与苏辙、秦观、张耒、圆通大师、李伯时、米芾、黄庭坚等十六人相会于驸马都尉王晋卿之西园，抚琴、听琴，作文人古琴雅集。《宝晋英光集》收录米芾《西园雅集图记》一文，文中记述了苏轼、王诜、米芾、黄庭坚、秦观、刘巨济等著名诗人、文学家、书法家、画家共16人在驸马都尉王诜府中西园聚会抚琴、听琴、观画、作诗的情景。米芾以文字形式将人物姓名、衣冠、坐卧神态及周围清幽旷远的环境一一记录，以备后人追随。此后，"西园雅集"便成为绘画史上常见的题材，米芾此文也成为对其最准确生动的注释。与会的著名画家李公麟将此次盛集描绘下来，成《西园雅集图》。（《宝晋英光集·补遗》）

北宋时期，文人雅士相互间聚会弹琴赠诗盛行，比如，张耒作《和子瞻西太一宫祠》《寄子瞻舍人》等诗歌，记载了他与苏轼关于琴的交流。《和子瞻西太一宫祠》："玉斝清晨荐酒，天风静夜飘香。凤吹管截孤竹，琴弦曲奏潇湘。"《寄子瞻舍人二首·其二》："纷纷名利场，向背不知丑。翟公书其门，客态自如旧。势去竞诋诅，有余丐升斗。高贤少畦畛，小子多状候。退之呼字生，房相肆琴叟。"（《柯山集》卷二十、卷七）

宋哲宗元祐三年（1088）春，苏轼作《次韵王郎子立风雨有感》《题李伯时画赵景仁琴鹤图二首》。

《苏诗补注》卷三十：元祐三年戊辰官翰林学士时作。《次韵王郎子立风雨有感》：百年一俯仰，寒暑相主客。稍增裘褐气，已觉团扇厄……我琴终不败，无攫亦（一作故）无醳。后生不自牧，呻吟空挟策。

《题李伯时画赵景仁琴鹤图》：清献先生无一钱，故应琴鹤是家传。谁知默鼓无弦曲，时向珠宫舞幻仙。

该年，苏轼作《皇太后阁六首》，描述皇太后"露簟琴书冷，琱盘饾饵新"的生活情态。

苏轼《皇太后阁六首》：露簟琴书冷，琱盘饾饵新。深宫犹畏日，应念暑耘人。万岁菖蒲酒，千金琥珀杯。年年行乐处，新月挂池台。（《苏诗补注》卷四十六）

宋哲宗元祐四年（1089）正月，苏轼在京任翰林学士，知制诰，兼侍读，上文请求外调。三月，苏轼因言时事被罢为龙图阁学士、杭州知府。期间苏轼作《题万松岭惠明院壁》，论制琴之材质。

苏轼《题万松岭惠明院壁》：余去此十七年，复与彭城张圣途、丹阳陈辅之同来……尝见知琴者，言琴不百年，则桐之生意不尽，缓急清浊，常与雨旸寒暑相应。（《苏轼文集》，另见《侯鲭录》卷四）

两宋之交时的文人施德操《北窗炙輠录》卷上谈及苏轼在杭州时，常与祥符寺的琴僧往来："东坡性简率，平生衣服饮食皆草草。至杭州时，常喜至祥符寺琴僧惟贤房间憩。至则脱巾裼衣，露两股榻上，令一虞候搔，及起，观其岸巾，止用一麻绳约发耳。"

九月二十一日，苏轼作《书文忠赠李师琴诗》，回忆自己第一次来杭州时，与杨杰一同听贤师李师弹琴的情形。

苏轼《书文忠赠李师琴诗》：吾昔在钱塘，一日，昼寝宝山

僧舍，起，题其壁云："七尺顽躯走世尘，十围便腹贮天真。此中空洞浑无物，何止容君数百人。"其后有数小子亦题名壁上，见者乃谓予诮之也。周伯仁所谓君者，乃王茂弘之流，岂此等辈哉？世子多讳，盖僭者也……元祐四年九月二十一日东坡居士记。(《东坡志林》卷七)

宋哲宗元祐五年（1090）九月十八日，苏轼作《书朱象先画后》，论述阮千里善弹琴之事。

《经进东坡文集事略》卷六十：阮千里善弹琴，无贵贱长幼皆为弹，神气冲和，不知向人所在。内兄潘岳使弹，终日达夜无忤色，识者知其不可荣辱也……元祐五年九月十八日，东坡居士书。

十二月一日，苏轼游灵隐寺，听林道人论琴，作《书林道人论琴棋》。

《东坡志林》卷七：元祐五年十二月一日，游小灵隐，听林道人论琴棋，极通妙理。

同年，陈师道常陪苏轼泛舟西湖，赋诗唱和。苏轼和陈师道两人常在西湖观月听琴，陈师道《次韵苏公西湖观月听琴并涉颍诗二首》曰："清湖纳明月，远览无留云。人生亦何须，有酒与桐君。自醉宁问客，一樽复一樽。平生今不饮，意得同酣醺。清言冰玉质，坏衲山水纹……"《次韵苏公西湖观月听琴》："公诗端王道，亭亭如紫云。落世不敢学，谓是诗中君。独有黄太史，抱朴挹其尊。韵出百家上，诵之心已醺。黄钟毁少合，大裘摈不文……"(《后山集》卷一、卷二)

苏轼常在杭州西湖会友弹琴，除了自己在《和蔡准郎中见邀游西湖》等诗文中有所记述，宋代吴则礼《无著以东坡西湖观月听琴诗示予因次韵》、岳珂《苏文忠西湖听琴观月诗帖赞》、胡铨《中秋前一夕携家步至北湖藉缛草久之和东坡湖上听琴韵》等诗文也记述了苏轼此类琴事。

苏轼《和蔡准郎中见邀游西湖》："城市不识江湖幽，如与

蟪蛄语春秋。试令江湖处城市，却似麋鹿游汀洲。高人无心无不可，得坎且止乘流浮。公卿故旧留不得，遇所得意终年留。君不见抛官彭泽令，琴无弦，巾有酒，醉欲眠时遣客休。"（《苏文忠公全集》卷三）

吴则礼《无著以东坡西湖观月听琴诗示予因次韵》："白月在湖底，脱冠睇微云。从来雍门恨，世上惟有君。往时东坡老，为子持一樽。东坡只饭豆，未办汗漼醺。独爱三昧晤，昵昵出断纹。东坡拍手笑，俗耳曾不闻。延州亦穷相，坐睡从昏昏。都梁固高彻，淮水元自浑。"（《北湖集》卷一）

吴曾《能改斋漫录》卷十六："……东坡闻而称赏之。后因东坡在西湖，戏琴（笔者补操，下同）曰：'我作长老，尔试来问。'琴（操）云：'何谓湖中景？'东坡答云：'秋水共长天一色，落霞与孤鹜齐飞。'琴（操）又云：'何谓景中人？'东坡云：'裙拖六幅潇湘水，鬓軃巫山一段云。'又云：'何谓人中意？'东坡云：'惜他杨学士，憨杀鲍参军。'琴（操）又云：'如此究竟如何？'东坡云：'门前冷落鞍马稀，老大嫁作商人妇。'琴（操）大悟，即削发为尼。"（另见《西湖游览志余》卷十六）

岳珂《苏文忠西湖听琴观月诗帖赞》："西湖之名，杭颍异辙。然皆足以寄七弦之清调，而共千里之明月。方指地而辨讹，客哄堂而缨绝。迄五日之考据，验注编于一阅。是诗之来，予目所别。昔也传观，今焉秘笈。叹人事之易变，何凋零之飘忽。然则记岁月于所见，而逸名氏于可阙，亦予之所不忍恝也。"

胡铨《中秋前一夕携家步至北湖藉缛草久之和东坡湖上听琴韵》："临水迟佳客，碧尽天边云。心期殊未来，且复偶细君。援琴松满耳，添酒月入樽。水天静秋光，不受世所醺。"

该年，苏轼于杭州时作《寄题梅宣义园亭》，写下"敲门无贵贱，遂性各琴樽。"诗句。

《苏诗补注》卷三十二：元祐五年庚午守杭州作。《寄梅宣义园亭》：仙人子真后，还隐吴市门。不惜十年力，治此五亩

园。初期橘为奴,渐见桐有孙。清池压丘虎,异石来湖鼋。敲门无贵贱,遂性各琴樽。我本放浪人,家寄西南坤。

宋哲宗元祐六年(1091)正月,苏轼由杭州知府内调为翰林学士承旨。三月十八日,苏轼自杭州返京师的途中,留宿吴淞江,作《书仲殊琴梦》。

苏轼《书仲殊琴梦》:元祐六年三月十八日五鼓,船泊吴江,梦长老仲殊弹一琴,十三弦颇坏损而有异声。余问云:"琴何为十三弦?"殊不答,但诵诗曰:"度数形名岂偶然,破琴今有十三弦。此生若遇邢和璞,方信秦筝是响泉。"梦中了然谕其意,觉而识之。(《苏轼文集》,另见《诗话总龟》卷三十三,《说郛》卷一百。)

八月,苏轼除龙图阁学士,出知颍州。该年,苏轼作《破琴诗》《书破琴诗后》《赠武道士弹贺若》。

《苏诗补注》卷三十三:《破琴诗(并引)》:……破琴虽未修,中有琴意足……宛然七弦筝,动与世好逐。

《书破琴诗后》:此身何处不堪为,逆旅浮云自不知。偶见一张闲故纸,便疑身是永禅师。

《赠(一作听)武道士弹贺若》:清风终日自开帘,凉月今宵肯挂檐。琴里若能知贺若,诗中定合爱陶潜。

九月十五日,苏轼作琴诗《九月十五日观月听琴西湖示坐客》。

见《苏诗补注》卷三十四:白露下众草,碧空卷微云。孤光为谁来,似为我与君。水天浮四座,河汉落酒樽。使我冰雪肠,不受曲糵醺。尚恨琴有弦,出鱼乱湖纹。

同年八月至次年三月,苏轼作《次韵赵景贶督两欧阳诗破除酒戒》《与赵、陈同过欧阳叔弼新治小斋戏作》。

《苏诗补注》卷三十四:元祐辛未八月以后合壬申三月以前在颍州任作。《次韵赵景贶督两欧阳诗破除(一作陈)酒戒》:祥琴虽未调,余悲不敢留。矧此乃韵语,未入金石流。

《与赵陈同过欧阳叔弼新治小斋戏作》：江湖渺故国，风雨倾旧庐。东来三十年，愧此一束书。尺椽亦何有，而我常客居……拊床琴动摇，弄笔窗明虚。后夜龙作雨，天明雪填渠。

宋哲宗元祐七年（1092）二月，苏轼以龙图阁学士由颍州改知扬州，与通判晁补之共理邑政，相互唱和。四月二十四，苏轼作《书士琴二首·书醉翁操后》。

苏轼《书士琴二首·书醉翁操后》：……此必有真同者矣。本觉法真禅师，沈君之子也，故书以寄之。愿师宴坐静室，自以为琴，而以学者为琴工，有能不谋而同三令无际者，愿师取之。元祐七年四月二十四日。（《苏轼文集》，另见《事实类苑》卷三十四，《说郛》卷一百，《赵氏铁网珊瑚》卷四。）

苏东坡书写《醉翁操》词赠予沈遵之子本觉禅师。《醉翁操·琅然》："琅邪幽谷，山水奇丽，泉鸣空涧，若中音会，醉翁喜之，把酒临听，辄欣然忘归。既去十余年，而好奇之士沈遵闻之往游，以琴写其声，曰《醉翁操》，节奏疏宕而音指华畅，知琴者以为绝伦。然有其声而无其辞，翁虽为作歌，而与琴声不合……琅然。清圜。谁弹。响空山。无言。惟翁醉中知其天。月明风露娟娟。人未眠。荷蒉过山前。曰有心也哉此贤。醉翁啸咏，声和流泉。醉翁去后，空有朝吟夜怨。山有时而童巅，水有时而回川。思翁无岁年，翁今为飞仙。此意在人间，试听徽外三两弦。"（《东坡全集》卷三十二）该词影响深远，与他同时期的文人郭祥正作有《醉翁操（效东坡）》。

八月，苏轼以兵部尚书召还汴京，引荐晁补之还朝任著作佐郎。苏轼至京参与郊祀大典，进官端明殿学士、翰林侍读学士、礼部尚书，此为苏轼一生中最高的官位。

同年秋至第二年九月，苏轼作《见和西湖月下听琴》《藉田》。

《苏诗补注》卷三十六：起元祐壬申秋抄，自扬州召还，为兵部尚书寻迁礼部尚书，至明年癸酉九月出京以前作。《见和西

湖月下听琴》（原作在三十四卷）：谡谡松下风，蔼蔼陇上云。聊将窃比我，不堪持寄君。半生寓轩冕，一笑当琴樽。良辰饮文字，晤语无由釂……当呼玉涧手，一洗羯鼓昏。请歌南风曲，犹作虞书浑。（公自注：家有雷琴，甚奇古。玉涧道人崔闲妙于雅声，当呼使弹。）

《藉田》：窃脂方纪瑞，布谷未催耕。鱼沫依蘋渚，蜗涎上彩楹……琴里思归曲，因君一再行。

宋哲宗元祐九年（1094）正月，苏轼与李之仪论陶诗。李之仪《次韵见寄》曰："东坡流落坐多言，我欲无言亦未全。好辨悬知非获已，力行到底信为贤。抱琴有味无彭泽，沽酒何妨问玉川。只拟饮呼出门去，强縻置网岂当然。"（《姑溪居士集》卷八）

九月二十六日，苏轼迁惠州，将水声比作琴声。

《东坡志林》卷十一：绍圣元年九月二十六日，东坡翁迁于惠州，舣舟泊头镇……观坛上所获铜龙六、鱼一。坛北有洞，曰朱明，榛莽不可入。水出洞中，锵鸣如琴筑。水中皆菖蒲，生石上。

十二月，苏轼作《峡山寺》，写下"石泉解娱客，琴筑鸣空山"的诗句。

起绍圣元年甲戌秋，自江西赴岭外。十月到惠州尽，是年十二月作。《峡山寺》：天开清远峡，地转凝碧湾……石泉解娱客，琴筑鸣空山……忽忆啸云侣，赋诗留玉环。林深不可见，雾雨霾髻鬟。（《苏诗补注》卷三十八）

宋哲宗绍圣二年（1095）二月十一日，苏轼饮醉食饱，作《书渊明东方有一士诗后》，示儿子过，有"知我故来意，取琴为我弹"句。

苏轼《书渊明东方有一士诗后》：……青松夹路生，白云宿檐端。知我故来意，取琴为我弹……（此东方一士，正渊明也。不知从之游者谁乎？若了得此一段，我即渊明，渊明即我也。）

(《苏诗文集》卷一百十五）

东坡喜欢书写渊明诗，题跋多妙趣。孔凡礼注《苏轼文集》："绍圣二年二月十一日，东坡居士饮醉食饱，默坐思无邪斋，兀然如睡，既觉，写渊明诗一首，示儿子过。"（卷一百十五）

该年，苏轼在惠州作琴诗《和陶贫士七首》。

《苏诗补注》卷三十九：绍圣二年乙亥在惠州作。《和陶贫士七首》：谁谓渊明贫，尚有一素琴……佳辰爱重九，芳菊起自寻。疏巾叹虚漉，尘爵笑空斟。忽饷二万钱，颜生良足钦。急送酒家保，勿违故人心。

宋哲宗绍圣三年（1096）正月至明年四月间，苏轼作《和陶东方有一士》，有"借君无弦琴，寓我非指弹"句。

《苏诗补注》卷四十：起绍圣三年丙子正月，合明年丁丑四月以前在惠州作。《和陶东方有一士》：……借君无弦琴，寓我非指弹。岂惟舞独鹤，便可摄飞鸢。还将岭茅瘴，一洗月阙寒。

该年，苏轼在惠州。南宋赵蕃、洪迈等人在文集中记述了苏轼在惠州的琴事。赵蕃《乾道稿》卷上："东坡在惠州，窘于衣食，以重九近有樽俎萧然之叹，和渊明贫士七诗。今去重九三日，尔仆以新谷未升，方绝粮是忧，至于樽俎，又未暇计也。因诵靖节贫士诗及坡翁所和者，辄复用韵：谁云钟期死，伯牙遂忘琴。渊明出晋宋，东坡作知音。究其出处间，岨峿缘直寻。和诗固亡恙，端若一手斟。我时诵其集，危坐常加钦。缅怀两先生，千古同此心。"洪迈《容斋诗话》卷六："东坡初赴惠州，过峡山寺，不值主人，故其诗云：'山僧本幽独，乞食况未还。云碓水自舂，松门风为关。石泉解娱客，琴筑鸣空山。'既至惠州，残腊独出，至栖禅寺，亦不逢一僧，故其诗云：'江边有微行，诘曲背城市。平湖春草合，步到栖禅寺。堂空不见人，老稚掩关睡。所营在一食，食已宁复事。客行岂无得？施子净扫地。风松独不静，送我作鼓吹。'"（另见《容斋三笔》卷

十一《东坡三诗》、《东坡诗话录》卷上）

宋哲宗绍圣四年（1097）闰二月甲辰，苏轼责授琼州别驾，移送昌化军安置，谪居海南。之后，他与儿子苏过在儋州住有三年。六月，苏轼遭贬来琼。他从琼州府赴儋路经澄迈老城时，在赵梦得（儋州人、时居澄迈）家中住宿，为其居所二亭题"清斯""舞琴"二匾。赵梦得陪东坡游永庆寺，后赴儋州。

周必大《二老堂诗话·记赵梦得事》：广西有赵梦得，处于海上，东坡谪儋耳时，为致中州家问。坡尝题其澄迈所居二亭：曰清斯，曰舞琴。（周必大《文忠集》卷一百七十七）

十二月，苏轼作《迁居之夕闻邻舍儿诵书欣然而作》，有"可以侑我醉，琅然如玉琴"句。

《苏诗补注》卷四十一：起绍圣四年丁丑四月，自惠州谪昌化军安置，尽是年十二月。《迁居之夕闻邻舍儿诵书欣然而作》：幽居乱蛙黾，生理半人禽。耿然已可喜，况闻弦诵音。儿声自圆美，谁家两青衿……可以侑我醉，琅然如玉琴。

宋哲宗绍圣五年（1098），苏轼父子被广西察访使董必所遣认并逐出官舍，之后他们在城南买地筑屋，以避风雨。

该年清明日，苏轼作《和陶郭主簿二首》，写下"孺子卷书坐，诵诗如鼓琴"等诗句。

《苏诗补注》卷四十二：起元符元年戊寅合明年己卯，在儋州作。《和陶郭主簿二首》：清明日闻过诵书，声节闲美，感念少时，怅焉追怀先君宫师之遗意，且念淮、德二幼孙……孺子卷书坐，诵诗如鼓琴。却去（一作念）四十年，玉颜如汝今。

宋哲宗元符二年（1099）十月二十三日，苏轼作琴文《书王进叔所蓄琴》。

苏轼《书王进叔所蓄琴》：知琴者以谓前一指后一纸为妙，以蛇蚹纹为古。进叔所蓄琴，前几不容指，而后劣容纸，然终无杂声，可谓妙矣。蛇蚹纹已渐出，后日当益增，但吾辈及见其斑斑焉，则亦可谓难老者也。元符二年十月二十三日，与孙

叔静皆云。(《苏轼文集》,另见《说郛》卷一百。)

同年,秦观从横州迁徙雷州,与被贬在儋州的苏轼有书信往来。

秦观《绝今以补子瞻之遗》:琴弦断续愁兼恨,岭水分流西复东。深院小扉红日落,绣窗闲倚更谁同。

宋哲宗元符三年(1100)四月丁巳,诏苏轼等徙内郡。五月,苏轼从儋州徙廉州。八月,苏轼改舒州团练副使,永州安置。十一月途经英州时又得旨,复朝奉郎,提举成都玉局观,在外州军任便居住。这年春天至八月间,苏轼作琴诗、琴文《和陶杂诗》《归去来集字十首》《梅圣俞之客欧阳晦夫,使工画茅庵,已居其中一琴》《欧阳晦夫惠琴枕》《琴枕》《欧阳晦夫遗接羅琴枕戏作此诗谢之》。

《苏诗补注》卷四十三:起元符三年庚辰春,在儋州五月移廉州安置,八月杪离廉州作。《和陶杂诗》:……大道久分裂,破碎日愈离。我如终不言,谁悟角与羁。吾琴岂得已,昭氏有成亏。

《归去来集字十首》……乘化欲安命,息交还绝游。琴书乐三径,老矣亦何求。

《梅圣俞之客欧阳晦夫,使工画茅庵,已居其中一琴》:……倒披王恭氅,半掩袁安户。应调折弦琴,自和捋须句。

《欧阳晦夫惠琴枕》:中郎不眠仰看屋,得此古椽围尺竹。轮囷蹇落非笛材,剖作袖琴徽轸足。

《琴枕》:清眸作金徽,素齿为玉轸。响泉竟何用,金带常苦窘。斓斑渍珠泪,宛转堆云鬓。君若安十弦,应弹卓氏引。

《欧阳晦夫遗接羅琴枕戏作此诗谢之》:……见君合浦如梦寐,挽须握手俱汍澜。妻缝接羅雾縠细,儿送琴枕冰徽寒。

宋徽宗建中靖国元年(1101)正月,苏轼作《藤州江上夜起对月赠邵道士》。

《苏诗补注》卷四十三:庚辰九月离廉州,历藤、梧、广、

苏轼（1037—1101）

韶。是冬，在韶州度岁，明年辛巳正月度岭作。《藤州江上夜起对月赠邵道士》：……独醉还独醒，夜气清漫漫。仍呼邵道士，取琴月下弹。相将乘一叶，夜下苍梧滩。

正月，苏轼作《赠诗僧道通》："雄豪而妙苦而腴，只有琴聪与蜜殊。"

（《苏诗补注》卷四十五）（公自注：钱塘僧思聪总角善琴，后舍琴而学诗，复弃诗而学道，其诗似皎然而加雄放……）

苏轼在其诗文中多次谈及思聪和蜜殊。僧人思聪善琴，颇得苏轼欣赏。苏轼《送钱塘僧思聪归孤山叙》："钱塘僧思聪，七岁善弹琴。十二舍琴而学书，书既工。十五舍书而学诗，诗有奇语……聪日进不止，自闻思修以至于道，则《华严》法界海慧，尽为蓬庐，而况书、诗与琴乎。虽然，古之学道，无自虚空入者。轮扁斫轮，伛偻承蜩，苟可以发其巧智，物无陋者。聪若得道，琴与书皆与有力，诗其尤也。聪能如水镜以一含万，则书与诗当益奇。吾将观焉，以为聪得道浅深之候。"（《经进东坡文集事略》卷五十六）

蜜殊即指仲殊，字师利，生卒年不详，北宋僧人、词人，安州（今湖北安陆）人。先后寓居苏州承天寺、杭州宝月寺，因时常食蜜以解毒，人称蜜殊。他与苏轼往来甚厚。《宋元诗会》卷五十九曰："仲殊与苏子瞻为方外友，殊性嗜蜜。而僧思聪嗜琴，故苏诗有云：招得琴聪与蜜殊。"

该年（约），苏轼作词《浣溪沙·忆旧》。

苏轼《浣溪沙·忆旧》：长记鸣琴子贱堂。朱颜绿发映垂杨。如今秋鬓数茎霜。聚散交游如梦寐，升沈闲事莫思量。仲卿终不避桐乡。（《东坡词》）

苏轼在该词中提到自己常常记着宓子贱弹琴治理单父的故事，感叹红润颜容和乌黑头发映照着垂柳那都是过往之事了。如今，数根鬓发白得就像霜雪一般。与昔日朋友的分分合合，仿佛身在梦中。仕途得失进退这等闲事不用去想了。此词情绪

悲凉,"秋鬓数茎霜"提示该诗应作于苏轼暮年。

苏轼晚年还作有《山坡陀行》:"山坡陀兮下属江,势崖绝兮游波所荡如颓墙。松蓊律兮百尺旁,拔此惊葛虆之……默不言兮,寋昭氏之不鼓琴。憯将山河与日月长在,若有人兮,梦中仇池我归路。"此词先写登大庾岭巅、观浈水,再写幻想、追求仙境,最后写梦中神游、人生追求与晚年向往。苏轼借用神话、历史典故,表达出他晚年对召用无望的无奈之情。

宋徽宗建中靖国元年正月,苏轼北归至虔州,拟在常州居住。六月,病重,请老归田,朝廷允其以本官致仕。七月,北上,卒于常州。四月,苏轼去世前两个月,李公麟为其画像,苏轼自题诗曰:"心似已灰之木,身如不系之舟。问汝平生功业,黄州惠州儋州。"(《宋稗类钞》卷二八)

据目前史料所见,苏轼一生作琴诗数十首,除了上文所列,在此再略举几例。《戏赠田辨之琴姬》:"流水随弦滑,清风入指寒。坐中有狂客,莫近绣帘弹。"(《东坡全集》)《和人回文》:"同谁更倚闲窗绣,落日红扉小院深。东复西流分水岭,恨兼愁续断弦琴。"《琴枕》:"高情闲处任君弹,幽梦来时与子眠。彭泽漫知琴上趣,邯郸深得枕中仙。试寻玉轸抛何处,闲唤香云在那边。平素不须烦按抑,秦娥自解语如弦。"(《苏诗补注》卷四十七、四十八)《减字木兰花·神闲意定》:"神闲意定。万籁收声天地静。玉指冰弦。未动宫商意已传。悲风流水。写出寥寥千古意。归去无眠。一夜余音在耳边。"《满江红·忧喜相寻》:"……幽梦里,传心曲。肠断处,凭他续。文君婿知否,笑君卑辱。君不见周南歌汉广,天教夫子休乔木。便相将、左手抱琴书,云间宿。"《水龙吟·小沟东楼长江》:"小沟东接长江,柳堤苇岸连云际……飘堕人间,步虚声断,露寒风细。抱素琴,独向银蟾影里,此怀难寄。"《哨遍·为米折腰》:"……噫!归去来兮。我今忘我兼忘世。亲戚无浪语,琴书中有真味。步翠麓崎岖,泛溪窈窕,涓涓暗谷流春水。观草木欣荣,幽人自感,

吾生行且休矣。"(《东坡词》)

关于友人及后世人笔下的苏轼琴事记载颇多，现举几例。何薳《雷琴四田八日》："东坡先生《书琴事》云：'家有雷琴，破之，中有"八日合"之语，不晓其何谓也。'先生非不解者，表出之，以令后人思之耳。盖古"雷"字从四田。四田拆之，是为'八日'也。"(《春渚纪闻》卷八)

元好问《学东坡移居》(五首)："此州多寓士，论年悉肩随。风波同一舟，奚必骨肉为。倪家莲花白，每酿必见贻。季昌妙琴事，足以相娱嬉。郭侯家多书，篇帙得遍窥。"(《宋元诗会》卷六十六)

岳珂《苏文忠潘墨诗帖赞》："……想先生之清标，契谪仙于同襟。凌九垓而神会，岂入海之可寻。方将抱月乘风，携壶命琴。短墨帝于玄圃，挟客卿于翰林。"(《宝真斋法书赞》卷十二)

周紫芝《书送客诗后》："东坡尝言，古今语未有无对者。琴家谓琴声能娱俗耳者为'设客曲'。顷时有作送太守诗者，曰：'此"供官诗"，不足观。'于是'设客曲'乃始有对。"(《太仓稊米集》卷七十)

洪迈《讨论滥赏词》："东坡公行香子小词云：'清夜无尘，月色如银。酒斟时，须满十分。浮名浮利，休苦劳神。叹隙中驹，石中火，梦中身。虽抱文章，开口谁亲。且陶陶，乐尽天真。不如归去，作个闲人。对一张琴，一壶酒，一溪云。'"(《容斋随笔》卷十五)

苏辙（1039—1112）

苏辙，字子由，眉州眉山（今属四川）人，北宋文学家、诗人、宰相，苏轼的弟弟，"唐宋八大家"之一。宋仁宗嘉祐四年（1059）冬，苏轼、苏辙随父亲苏洵从四川去湖北，两人在船上听父亲弹琴，苏辙作《舟中听琴》。

苏辙《舟中听琴》：……世人嚣嚣好丝竹，撞钟击鼓浪谓荣。安知江琴韵超绝，摆耳大笑不肯听。（《栾城集》卷一）

苏轼、苏辙两兄弟同中进士，他们一生兄弟情谊深厚，早年常一起弹琴、互赠琴诗，苏辙琴诗常有记载，如《和子瞻东阳水乐亭歌》曰："……不如君家激水石中流，听之有声百无忧。笙竽窈眇度溪谷，琴筑凄咽穿林丘……"又如苏辙《次韵子瞻题张公诗卷后》："世俗甘枉尺，所愿求直寻。不知一律讹，大乐无完音……至人不妄言，淡如朱丝琴。"（《栾城集》卷五、卷八）

宋神宗熙宁四年（1071）九月，苏轼、苏辙同赴颍州拜见欧阳修，两人各作《贺欧阳少师致仕启》一首，苏辙谓欧阳修"筑室清颍，琴书足以忘忧"。

苏辙《贺欧阳少师致仕启》：伏审累章得谢，故邑荣归，位冠东宫，宠兼旧职，高风所振，清议愈隆。伏惟致政观文少师，道德在人，学术盖世……故七十致仕，在礼则然；而六一自名，此志久矣。筑室清颍，琴书足以忘忧……（《栾城集卷五十》）

此年四月，时年 65 岁的欧阳修累章告老。六月，以观文殿学士、太子少师致仕，七月归颍家居。苏轼于六月亦被派往杭州任通判，途经陈州，苏辙则为州学教授。苏轼九月离陈州，苏辙送至颍州，同谒昔日恩师欧阳修，遂作此篇。

苏辙（1039—1112）

宋神宗熙宁十年（1077）四月一日，苏辙在南京幕府卧病初愈，弹琴下棋。

洪迈《苏文定梦游仙》曰：熙宁十年，苏文定公在南京幕府。四月一日，以卧病方愈，忽忽不乐，因起独步于庭……九人聚坐其间，所披鹤氅或紫或白，其冠或铁或鹿皮。或熊经鸟伸，或弹琴对弈。欢笑谈话，视苏公自若。（《夷坚志》）

苏辙著有《栾城集》。该文集收录苏辙琴诗文19首（篇）。例如，《送道士杨见素南游》："黄河春涨入隋沟，往意随波日夜流。万里寻山如野鹤，一身浮水似轻鸥。湖风送客那论驿，岳寺留人暗度秋。迟子北归来见我，携琴委曲记深幽。"《次韵汪琛监簿见赠》："连宵暑雨气如秋，过客不来谁与游。赖有澹台肯相顾，坐令彭泽未能休。琴疏不办弹新曲，学废谁令致束修。惭愧邑人怜病懒，共成清净劝迟留。"《歙县岁寒堂》："槛外甘棠锦绣屏，长松何者擅亭名。浮花过眼无多日，劲节凌寒尽此生。暗长茯苓根自大，旋收金粉气尤清。长官不用求琴谱，但听风吹作弄声。"

周敦颐（1017—1073）

周敦颐，字茂叔，号濂溪先生，道州营道楼田堡（今湖南省道县）人，文学家、哲学家，理学思想开创者。周敦颐喜爱弹琴，宋仁宗嘉祐六年（1061），周敦颐道出江州，爱庐山之胜，因筑濂溪书堂于其麓，他在书堂以琴会友，作《题濂溪书堂》，记述"或酒或鸣琴"的生活。

周敦颐《题濂溪书堂》：书堂构其上，隐几看云岑……或吟或冥默，或酒或鸣琴。数十黄卷轴，圣贤谈无音。（《周元公集》卷四）

宋神宗熙宁六年（1073），周敦颐卒。蒲宗孟作《先生墓铭》，写下周敦颐弹琴事迹："（周敦颐）乘兴结客，与高僧道人跨松萝，蹑云岭，放肆于山巅水涯，弹琴吟诗，经月不返。"

蒲宗孟《先生墓铭》：故想象君之平生，而写其所好，以寄之铭云……庐山之月兮暮而明，溢浦之风兮朝而清。翁飘飖兮何所，琴悄寂兮无声。杳乎欲诉而奚问，浩乎欲忘而难平。（《周元公集》卷二）

周敦颐对古琴音乐的见解体现了他的理学思想。中国古代古琴音乐的发展无法脱离它所处时代的审美趣味，必须恪守时代所秉持的"道"，宋代的文人将"琴道"视为"华夏正声"。他在《通书》中阐述"淡""和"音乐观，提倡"优柔平中，德之盛"的正声之乐。[①] 赵抃《同周敦颐国博游马祖山》明确指出

[①] 周敦颐：《周元公集·通书》礼乐第十三、第十七，载永瑢、纪昀等《四库全书》，清乾隆五十七年文渊阁本。

周敦颐（1017—1073）

周敦颐琴乐为"正声"："下指正声调玉轸，放怀雄辩起云涛。"潘兴嗣《和茂叔忆濂溪》云："素琴携来谩横膝，无弦之乐音至微。"其中，"无弦之乐音至微"正是周敦颐"淡""和"古琴音乐思想的体现。

在宋代古琴发展过程中，周敦颐认为古琴音乐应为中正平和的华夏正声，古琴可以用来加强社会道德规范。周敦颐将古琴视为治世的重要工具，古琴对宋代社会及文化发展具有一定意义。

宋代多位文人谈到周敦颐爱弹琴，略举几例，赵抃《题周敦颐濂溪书堂》[①]曰："吾闻上下泉，终与江海会。高哉庐阜间，出处濂溪派……琴樽日左右，一堂不为泰。经史日枕藉，一室不为隘。"（《清献集》卷一）潘兴嗣《益帅赵阅道以诗寄周茂叔程公辟相率同和》："山水高深无恨意，为公分付玉徽声。"吕陶《送周茂叔殿丞序并诗》："青云路三峡，寄傲开琴樽。"黄庭坚于崇宁元年（1102）作《濂溪诗》，描写周敦颐琴酒相伴的生活："弦琴兮觞酒，写溪声兮延五老以为寿。"[②]

[①] 赵抃：《清献集》卷一，明汪旦嘉靖四十一年刻本。
[②] 黄庭坚：《山谷集》卷一，载永瑢、纪昀等《四库全书》，清乾隆五十七年文渊阁本。

黄庭坚（1045—1105）

黄庭坚（1045—1105），字鲁直，号山谷道人，洪州分宁（今江西修水县）人，北宋文学家、书法家。宋英宗治平三年（1066）六月，黄庭坚挟竹席到岩石处避暑休息，并作有"松风琴瑟心可写，水寒瓜李嚼明冰"的诗句。

黄庭坚《息暑岩》：松风琴瑟心可写，水寒瓜李嚼明冰。却登夏畦视耘耔，烘颜炙背栖苍蝇。闻道九衢尘作雾，乌靴席帽如馈蒸。（《山谷外集》卷十一）

同年，黄庭坚作《次韵叔父台源歌》，有"呼儿理琴荡俗气，果在巢由季孟间"句。

黄庭坚《次韵叔父台源歌》：除书谤书两不到，紫烟白云深锁关。乡人讼争请来决，到门怀惭相与还。呼儿理琴荡俗气，果在巢由季孟间。（《山谷外集》卷十一）

宋英宗治平四年（1067），黄庭坚中进士，授汝州叶县县尉。

该年，黄庭坚病中吟诗，有"乃知善琴瑟，先欲绝弦寻"句。

黄庭坚《病懒》：病懒不喜出，收身卧书林……乃知善琴瑟，先欲绝弦寻。（《山谷外集》卷十一）

宋神宗熙宁元年（1068），黄庭坚作《渡江》，此诗描述作者在渡江过程中"行路之难兮，援琴以身忘"的情形。

黄庭坚《渡江》：……嗟行路之难兮，援琴以身忘。手不得于吾心兮，声久抑而不张。（《山谷外集》卷十一）

同年，黄庭坚听琴曲《履霜操》，作《听履霜操》。（《山谷外集》卷十一）

黄庭坚（1045—1105）

宋神宗熙宁四年（1071），黄庭坚作《次韵元礼春怀》，认为无弦是一种"琴意"，妙不可言。

黄庭坚《次韵元礼春怀》：渐老春心不可言，亦如琴意在无弦。新花准拟千场醉，美酒经营一百船。（《山谷外集》卷十三）

该年，黄庭坚作《寄季张》，谈到无弦素琴。

黄庭坚《寄季张》：园中看笋已成竹，阶下种槐还得阴。出门望君车马绝，临水问信鲤鱼沈。赠君以匠石斵泥之利器，渊明无弦之素琴。此书到日可归来，思子妙质为知音。（《山谷外集》卷十一）

同年，黄庭坚作琴诗《伤歌行》。

草木摇落天沉阴，蟋蟀为我商声吟。高明从来畏鬼瞰，贫贱不能全孝心。蚕知义利有轻重，积羽何翅一钩金。莫悲归妹无锦绣，但愿教儿和瑟琴。（《山谷外集》卷十一）

同年，黄庭坚作《送陈萧县》，有"酒嫌别后风吹醒，琴为无弦方见心"句。

欲留君以陈遵投辖之饮，不如送君以陶令无弦之琴。酒嫌别后风吹醒，琴为无弦方见心。（《山谷外集》卷十一）

该年，黄庭坚听其姑母崇德君弹琴，作《听崇德君鼓琴》《观崇德墨竹歌》。

黄庭坚《听崇德君鼓琴》：月明江静寂寥中，大家敛袂抚孤桐。古人已矣古乐在，仿佛雅颂之遗风。妙手不易得，善听良独难。（《山谷集》外集卷三）

黄庭坚《观崇德墨竹歌》：岂如崇德君，学有古人风。挥毫李卫言神笔，弹琴蔡琰方入室。道韫九岁能论诗，龙女早年先悟佛。弈棋樵客腐柯还，吹笙仙子下缑山。（《山谷集》外集卷十一）

《观崇德墨竹歌》是 27 岁的黄庭坚所作的一首题画诗，正值他任职叶县（叶公城）。崇德君善画松竹石，亦善鼓琴，是宋代女性文人、琴人代表。

宋神宗熙宁八年（1075），黄庭坚作《奉和王世弼寄上七兄先生用其韵》，写下"临流呼钓船，拂石弄琴阮"的诗句。

黄庭坚《奉和王世弼寄上七兄先生用其韵》：……青黄可牺樽，荐庙配瑚琏。季父有逸兴，未尝入都辇。临流呼钓船，拂石弄琴阮。（《山谷外集》卷一）

该年，黄庭坚在西禅听戴道士弹古琴。

黄庭坚《西禅听戴道士弹琴》：……危冠匡坐如无傍，弄弦铿铿灯烛光。谁言伯牙绝弦钟期死，泰山峨峨水汤汤。春天百鸟语撩乱，风荡杨花无畔岸。（《山谷外集》卷十二）

黄庭坚常与戴道士一起弹琴，体现了宋代文人与道士间对古琴的交流。同年，黄庭坚作《招戴道士弹琴》一诗："春愁如发不胜梳，酒病绵绵困未苏。欲听淳音消妄想，抱琴端为一来无。"（《山谷外集》卷十三）

宋神宗元丰元年（1078），黄庭坚作《古风》二首，投书给徐州太守苏轼，以表仰慕之意，苏轼回信鼓励。

该年，黄庭坚作《次韵奉送公定》，有"尘埃百年琴，绝弦为钟期"的诗句，表达深厚的友谊。

昭阳两兄弟，还自妒蛾眉。工颦又宜笑，百辈来茹咨。班姬轻鸿毛，更合众口吹。引绳痛排抵，蒙蔽枉成帷。惟恐出已上，杀之如弈棋。尘埃百年琴，绝弦为钟期。（《山谷外集》卷一）

该年，黄庭坚作《赋未见君子忧心靡乐八韵寄李载》，以琴寄托对友人的牵挂。

斧挥郢人鼻，琴即钟期耳。新诗凌建安，高论到正始。徒言参隔辰，未负石投水。（《山谷外集》卷二）

宋神宗元丰二年（1079），黄庭坚作《次韵答张沙河》，有"我评君才甚高妙，孤竹截管空桑琴"的诗句。

张侯堂堂身八尺，老大无机如汉阴。猛摩虎牙取吞噬，自叹日月不照临。策名日已污轩冕，逃去未必焚山林。我评君才

甚高妙，孤竹截管空桑琴……眉宇之间见风雅，蓝田烟雾生球琳。(《山谷外集》卷一)

同年，黄庭坚作《赠谢敞王博喻》，用古琴的"废轸断弦"反映出他失意的人生。

高哉孔孟如秋月，万古清光仰照临。千里特来求骥马，两生于此敌南金……废轸断弦尘漠漠，起予惆怅伯牙琴。(《山谷外集》卷十四)

宋神宗元丰三年（1080）秋，黄庭坚为吉州太和县知县，过高邮，为秦观记书。十月，黄庭坚游山谷寺，始号山谷道人。

宋神宗元丰四年（1081），黄庭坚作《洪范以不合俗人题厅壁二绝句次韵和之》。写下"寂寥吾道付万世，忍向时人觅赏音。搔首金城西万里，樽前从此叹人琴"的诗句。(《山谷外集》卷七)

宋神宗元丰六年（1083）十二月，黄庭坚调任德州德平镇监镇官，因反对新政，为以后遭贬谪埋下伏笔。同年，黄庭坚始著《后山集》。

同年，黄庭坚病中写下"素琴声在时能听，白鸟盟寒久未寻"的诗句。

黄庭坚《去岁和元翁重到双涧寺观余兄弟题诗之篇总忘收录病中记忆成此诗》：素琴声在时能听，白鸟盟寒久未寻。眼见野僧垂雪发，养亲元不顾朱金……(《山谷外集》卷七)

同年，黄庭坚作《次韵周德夫经行不相见之诗》，写下"主翁悲琴瑟，生憎见蛾眉"的诗句。

黄庭坚《次韵周德夫经行不相见之诗》：……朝云高唐观，客枕劳梦思。主翁悲琴瑟，生憎见蛾眉。君亦晚坎坷，有句怨弃遗……(《山谷外集》卷四)

宋神宗元丰七年（1084），黄庭坚作《次韵刘景文登邺王台见思》，写下"绿琴蛛网遍，弦绝不成声"的诗句。

黄庭坚《次韵刘景文登邺王台见思》：公诗如美色，未嫁

已倾城。嫁作荡子妇,寒机泣到明。绿琴蛛网遍,弦绝不成声。想见鸱夷子,江湖万里情。(《山谷集》卷二)

同年,黄庭坚作琴诗《放言》,有"匣中绿绮琴,欲抚已绝弦"等句。

匣中绿绮琴,欲抚已绝弦。问弦何时绝,钟期谢世年。正声不可闻,千载寂寞间。未有颜叔子,安知柳下贤。(《山谷外集》卷二)

该年,黄庭坚作《寄怀赵正夫奉议》,表现了他"何时闻笑语,清夜对横琴"的人生状态。

黄庭坚《寄怀赵正夫奉议》:……永怀寂寞人,黄卷事幽寻。虚窗驰野马,宴坐醉古今……何时闻笑语,清夜对横琴。(《山谷外集》卷十一)

宋神宗元丰八年(1085),黄庭坚作《和答莘老见赠》,有"瓯越委琴瑟,江湖拱松楸"句。

黄庭坚《和答莘老见赠》:往岁在辛丑,从师海濒州。外家有行役,拜公古邘沟……瓯越委琴瑟,江湖拱松楸。持节转七郡,治功无全牛。还朝蒙嗟识,明月岂暗投……履拂知道肥,净室见天游。小人乐蛙井,痴甚顾虎头。(《山谷外集》卷四)

宋哲宗元祐二年(1087),黄庭坚应张益老(张损)之邀,作《张益老十二琴铭》。

黄庭坚《张益老十二琴铭·涧泉》:震陵孤桐下阳岑,音如涧泉鸣深林。二圣元祐岁丁卯,器巧名之张益老。

古代古琴上有铭文,铭文内容多为考证该琴的渊源及流传、制作工艺,并对该琴做出评价。以黄庭坚《张益老十二琴铭·涧泉》为例。此诗短短四句,交代了琴的质地、琴的音色、制铭时间、缘何而制等内容。"二圣"指宋哲宗与祖母宣仁太后,即高太后。元丰八年(1085)三月,神宗去世。1086年哲宗即位,改元元祐,黄庭坚被召入汴京任秘书郎。"元祐岁丁卯"即元祐二年(1087),黄庭坚应张益老(张损)的邀请,作《张益老

黄庭坚（1045—1105）

十二琴铭》。

同年，黄庭坚作《和刘景文》，写下"牛铎调黄钟，薪余合琴瑟"的诗句。

黄庭坚《和刘景文》：追随城西园，残暑欲退席。夜凉雨新休，城谯挂苍璧。佳人携手嬉，调笑忘日夕。刘侯本将家，今为读书客。诗名二十年，风雅自推激。牛铎调黄钟，薪余合琴瑟。（《山谷外集》卷四）

该年，黄庭坚与苏辙、秦观、张耒、圆通大师、李伯时、米芾、苏轼等十六人相会于附马都尉王晋卿之西园抚琴、听琴，作文人古琴雅集。

北宋文人雅士间弹琴赠诗盛行，如秦观作诗谈对黄庭坚无弦琴的看法，秦观《觏觌二弟作小室请书鲁直名曰寄寂作此寄之用孙子实韵》曰："力田不逢年，识者未宜闵。他时岁在金，百两无虚稇。士生当自量，天道平如准。汝兄鲁叔山，正坐不前谨。有琴亦无弦，何心尚求轸。"（《淮海集》卷六）

宋哲宗元祐四年（1089），黄庭坚作《次韵孙子实题少章寄寂斋》，写下"余欲远之深，抽琴去其轸"的诗句。（《山谷集》卷四）

宋哲宗元祐八年（1093）七月，黄庭坚为国史编修官，上表辞职，未赴任。

同年，黄庭坚作《洪州分宁县藏书阁铭》，有"得意自己，书不尽言。如御琴瑟，听于无弦"句。

黄庭坚作《洪州分宁县藏书阁铭》：……得意自己，书不尽言。如御琴瑟，听于无弦。幕阜几几，吴咮楚尾。其下修水，行六百里。山川之灵，或秀于民，世得材用，我培其根。勒铭颂成，式告尔后。无或堕之，永庇俎豆。（《山谷集》卷十三）

宋哲宗绍圣二年（1095）正月，黄庭坚携琴踏上贬谪巴蜀之路。其诗文《成都府别敕中和六祖禅师劝请文》记载了他在成都弹琴的事情。

譬如琵琶、琴、瑟，必资妙手，乃发至音，凤凰麒麟，出以其时。(《山谷外集》卷十)

同年三月，黄庭坚听尧夫弹琴，作《黔南道中行记》。

见《豫章黄先生文集》卷二十：绍圣二年三月辛亥，次下牢关，同伯氏元明、巫山尉辛纮尧夫，傍崖寻三游洞，绕山行竹间二百许步，得僧舍，号大悲院，才有小屋五六间……癸丑夕，宿鹿角滩下，乱石如囷廪，无复寸土。步乱石间，见尧夫坐石据琴，儿大方侍侧，萧然在事物之外。元明呼酒酌尧夫，随磐石为几案床座。夜阑乃见北斗在天中，尧夫为《履霜》《烈女》之曲。已而风激涛波，滩声汹汹，大方抱琴而归。

宋哲宗元符二年（1099）七月四日，黄庭坚作《答王周彦书》，欲邀请祖元大师携古琴来戎州（今四川省宜宾市）相聚。

黄庭坚《答王周彦书》：七月戊辰某敬报周彦贤良足下：成都吕元钧，某之故人也……元师能令携琴一来为望庄叔之子，亦可敦以诗书否，惠讯至寄声不宣。某再拜。(《山谷别集》卷五)

宋徽宗建中靖国元年（1101）正月辛未（初十），黄庭坚作《元师自荣州来追送余于泸州之江安绵水驿因复用旧所赋此君轩诗韵赠之并简元师从弟周彦公》，记载他与元师论琴，讨论琴曲《醉翁操》的情形。

黄庭坚《元师自荣州来追送余于泸州之江安绵水驿因复用旧所赋此君轩诗韵赠之并简元师从弟周彦公》：岁行辛巳建中年，诸公起废自林泉。王师侧闻陛下圣，抱琴欲奏南风弦。孤臣蒙恩已三命，望尧如日开金镜。但忧衰疾不敢前，眼前黑花耳闻磬……余旧得东坡所作《醉翁操》善本，尝对元道之。元欣然曰："往岁从成都通判陈君颀得其谱。"遂促琴弹之，词与声相得也。蜀人由是有《醉翁操》。然词中之微旨，弦外之余韵，俗指尘耳岂易得之？建中靖国元年正月辛未，江安水次偶住亭书。(《山谷别集》卷一)

黄庭坚在《与荣州薛使君书》中也谈及祖元大师与琴的事情。黄庭坚《与荣州薛使君书》："贵州士人惟周彦衣冠之领袖也，其人深中笃厚，虽中州不易得也。其兄庄叔老于世事，亦不可得。紫衣僧祖元亦周彦之族兄，抱琴种竹，有潇洒之趣，以星历推休咎，常得十之七八，试问之，可知也。"（《山谷别集》卷十九）

崇宁元年（1102），黄庭坚作《濂溪诗》，有"弦琴兮觞酒，写溪声兮延五老以为寿"句。

黄庭坚《濂溪诗》：溪毛秀兮水清，可饭羹兮濯缨，不渔民利兮又何有于名。弦琴兮觞酒，写溪声兮延五老以为寿。蝉蜕尘埃兮玉雪自清，听潺湲兮鉴澄明。激贪兮敦薄，非青蘋白鸥兮谁与同乐。（《山谷集》卷一）

宋徽宗崇宁元年（1102）九月，黄庭坚作《太平州作二首》，谈及女性琴人杨姝。

黄庭坚《太平州作二首》：欧靓腰支柳一涡，小梅催拍大梅歌。舞余片片梨花雨，奈此当涂风月何？

千古人心指下传，杨姝烟月过年年。不知心向谁边切，弹尽松风欲断弦。（《山谷外集》卷七）

该年，黄庭坚、李之仪听太平州小妓杨姝弹琴。黄庭坚作《好事近·太平州小妓杨姝弹琴送酒》。

黄庭坚《好事近·太平州小妓杨姝弹琴送酒》：一弄醒心弦，情在两山斜叠。弹到古人愁处，有真珠承睫。使君来去本无心，休泪界红颊。自恨老来憎酒，负十分蕉叶。（《山谷词》）

宋徽宗崇宁二年（1103）三月，黄庭坚被人诬告，遭除名勒停，送宜州编管。同年，黄庭坚作《题杨道人默轩》，写下"轻尘不动琴横膝，万籁无声月入帘"的诗句。（《山谷外集》卷十三）

同年，黄庭坚为李亮功家藏琴阮图题字。

黄庭坚《题李亮功家周昉画美人琴阮图》：周昉富贵女，衣

饰新旧兼。鬓重发根急,妆薄无意添。琴阮相与娱,听弦不观手。敷腴竹马郎,跨马欲折柳。(《山谷集·别集》卷一)

同年,黄庭坚作《晚发咸宁行松径至芦子》,写下"聊持不俗耳,静听无弦琴"。(《山谷集》卷八)

宋徽宗崇宁三年(1104)三月,黄庭坚于玉芝园作诗,写下"爱君雷式琴,汤汤发朱弦"的诗句。(《山谷集》卷八)

宋徽宗崇宁四年(1105)六月辛巳(十六日),黄庭坚与友人邵彦明、范信中、欧阳佃夫会于龙隐洞,弹琴下棋。

黄庭坚《游龙水城南帖》:佃夫抱琴作《贺若》,有清风发于土囊,音韵激越。余与彦明棋赌大白,彦明似藏行也。是日信中从佃夫授琴,久之得数句。(《山谷别集》卷十一)

崇宁二年(1103)十二月,黄庭坚贬谪宜州,崇宁三年(1104)五六月间到达贬所。崇宁四年(1105),邵彦明兄弟在宜州南山龙隐洞准备好酒席,邀请黄庭坚、范寥、欧阳襄游览龙隐洞,弹琴下棋,其乐融融。三个月后的九月三十日,黄庭坚病逝。《山谷集》收录黄庭坚琴诗及琴文共70首(篇),除了以上这些作品,黄庭坚的琴诗还有如《与党伯舟帖七》:"千秋木,佳物也,当寄融州作琴轸,并可得数轴头也……借示琴,甚患桐木太厚,声不清远,头长尾太高,非佳制也。"(《山谷别集》卷十八)

秦观（1049—1100）

秦观，字少游，江苏高邮人。北宋文学家、词人，苏轼的学生，他与黄庭坚、晁补之、张耒一道被称为"苏门四学士"，又被称为淮海居士，著有《淮海集》，该文集收录其琴诗12首。如《春日》："夹衣新著倦琴书，散策池塘返照初。翠碧黄鹂相续去，荇丝深处见游鱼。"《赠张潜道》："独携三尺琴，笑别妻与孥。一来泊吾里，忽已月再虚。"

宋神宗熙宁七年（1074）九月初八日，苏轼离杭州通判任，赴密州任，道经扬州，与秦观结交。宋神宗元丰二年（1079）三月，苏轼由徐州调任太湖滨的湖州，与秦观顺路同行，过无锡，游惠山，有诗唱和，端午始分别。

宋哲宗元祐元年（1086），秦观、苏轼、黄庭坚、孙觉、张耒、陈师道、晁补之等人在京师时常饮酒聚会，赏书评画，赋诗弹琴。元祐二年（1087），苏轼与苏辙、秦观、张耒、圆通大师、李伯时、米芾、黄庭坚等十六人相会于附马都尉王晋卿之西园抚琴、听琴，作文人古琴雅集。

北宋文人雅士相互间弹琴赠诗盛行，如秦观与黄庭坚，秦观作《觌觏二弟作小室请书鲁直名曰寄寂作此寄之用孙子实韵》。

宋哲宗元符二年（1099），秦观从横州迁徙雷州，与当时被贬在儋州的苏轼有书信往来。

秦观《绝今以补子瞻之遗》：琴弦断续愁兼恨，岭水分流西复东。深院小扉红日落，绣窗闲倚更谁同。

宋徽宗崇宁四年（1105）冬，李之仪遇故人贺铸，唱和词调《小重山》。文中提到秦观听《小重山》时，认为"其声有琴中韵"。（《姑溪居士前集》卷四十）

张耒（1054—1114）

张耒，字文潜，号柯山，人称宛丘先生，苏门四学士之一，著有《柯山集》等。张耒常与欧阳修、梅尧臣等人雅集弹琴聚会，并作有多首琴诗。

宋哲宗元祐元年（1086），张耒与苏轼、黄庭坚、孙觉、秦观、陈师道、晁补之等人在京师时常饮酒聚会，赏书评画，赋诗弹琴。元祐二年（1087），苏轼与苏辙、秦观、张耒、圆通大师、李伯时、米芾、黄庭坚等十六人相会于附马都尉王晋卿之西园抚琴、听琴，作文人古琴雅集。

这些文人雅士相互间弹琴赠诗频繁，如张耒作《和子瞻西太一宫祠》《寄子瞻舍人》等诗歌，记载了他与苏轼弹琴的交流。《和子瞻西太一宫祠》："玉斝清晨荐酒，天风静夜飘香。凤吹管截孤竹，琴弦曲奏潇湘。"《寄子瞻舍人》："高贤少畦畛，小子多状候。退之呼字生，房相肆琴叟。"（《柯山集》卷二十、卷七）

张耒《柯山集》收录他所作琴诗琴文28首（篇）。例如，《泊南京登岸有作呈子由子中子敏逸民》："……子期久已死，何人为我听。推琴置之去，酌我黄金罍。"《游楚州天庆观观高道士琴棋》："……弹琴对客客卧听，悦耳泠泠三四曲。离骚幽怨松风悲，流水潺浮履霜哭。"《别外甥杨克一》："弹琴不须弦，意在宫徵外。浊醪分美恶，于道犹蒂芥……"《山舍》："萧萧山舍静，谁复与相亲。琴酒忘尘事，诗书有古人。"《和即事》："……弹琴废久重寻谱，种药求多旋记名。于世久判无妙策，直应归学老农耕。"《和西斋》："灌垄晴蔬出，开笼暮鹤归。鸣琴坐朗月，轻露点秋衣。"《秋怀》："悲歌忽不惬，感叹涕盈衿。写此牢落怀，默坐弹鸣琴……"《秋雨》："乌几青筇扶病弱，素琴黄卷伴逍遥。交朋南北音书隔，虽有芳樽谁可招。"《感春》："长啸视天壤，手抚白玉琴。一抚再三叹，谁哉知我音。"

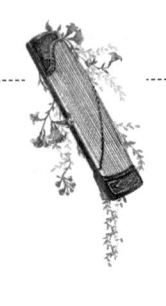

晁补之（1053—1110）

晁补之，字无咎，号归来子，济州巨野（今属山东巨野县）人，北宋文学家，苏轼的学生，与黄庭坚、秦观、张耒一道被称为"苏门四学士"。著有《鸡肋集》，该文集收录晁补之所作16首（篇）琴诗及琴文，如《琴中宫调辞》："神仙神仙何处，青山里，白云际，不似人间世。源上正碧桃春，清溪乍逢人。住无因，忆红尘，出洞花纷纷。"

晁补之作有几首阎子常琴诗，如《李成季得阎子常古琴作》："昔人流水高山手，此意宁从弦上有。阎侯卷舌卧闾里，意向是中留不朽。"《阎子常求琴弦》："先生三尺琴，断绝弦上音。欲求凤喙胶，弱水毛犹沉。"《阎子常携琴入村》："阎夫子，通古今。家徒四壁犹一琴，今年二月雨霖霪。喜君垄麦如人深，屋间幽默咸池音。"（《鸡肋集》卷十二、卷十九）

宋哲宗绍圣二年（1095），晁补之犯修神宗实录失实之罪，被降职通判应天府和亳州。自此年起至宋徽宗靖国元年（1101），晁补之仕途不顺，连遭贬谪。他的《坐愁赋》曰："鲁人阎子，仲武行年七十四，躬耕于鄙，岁旱不入而色藜藿。促鼓其琴，作坐愁之声……拂素琴之浮埃，理坐愁之遗声。忽推几而睨天，送飞鸿之杳冥。"（《鸡肋集》卷一）文中描述了一位恪守儒家"穷则独善其身"人生信条的安处困厄、陶然忘忧的老者，即便是这样一位老者，也"促鼓其琴""拂素琴之浮埃，理坐愁之遗声"。他有着"目送归鸿，手挥五弦"的超然，文章反映了作者面临人生困苦的烦恼，内心追求与琴为伴的那一份安宁、悠然。

晁说之（1059—1129）

晁说之，字以道，自号景迂生，澶州清风（今河南濮阳）人，晁迥玄孙。大观、政和间，晁说之监明州造船场，起通判郲州。其诗句"尚喜屋山阿，双泉如鸣琴。"描述了他初至郲州的感受。

晁说之《初至郲州感事》：罪斥云一纪，常亦守官箴。置身江海畔，放言麋鹿岑……敛迹有余愧，难闻弦诵音。尚喜屋山阿，双泉如鸣琴。（《景迂生集》）

晁说之有《景迂生集》，收录琴诗16首。例如，《节孝处士徐先生》："莫怪先生身上贫，眼看外物似浮云。房中除却琴棋后，更有门前鹤一群。"《赠琴照》："会稽城畔不见海，会稽城里海有声。此海之声三尺桐，渺如渤澥含太清。惜哉寂寥三十载，月出愁空不肯明。"《自咏》："棕篱蕉落贮秋阴，睡足萧然学越吟。懒似嵇康初不锻，闲于陶令更无琴。"《和新乡二十一弟华严水亭》："荷盖点溪三数叶，藤稍绕树几千层。投闲更与高人约，重抱琴来听广陵。"《寄光公》："有琴挂壁积尘埃，强之使弹响山谷。至今两耳犹泠泠，边风日夜相思曲。"

释惠洪（1071—1128）

释惠洪，字觉范，北宋筠州（今江西高安）人，著有《石门文字禅》（又称《筠溪集》）、《冷斋夜话》等书。释惠洪是宋代琴僧中诗作保存比较多的一位。《石门文字禅》收录他所作22首琴诗，如《李德茂家坐中赋诸铭》中的《琴铭》："材出余烬，桐生晚林。见之意消，矧闻其音。朱弦发越，夜堂秋深。如见古人，如得我心。"《听道人谙公琴》："道人貌癯骨藏年，漆瞳照人方而渊。家住湘山湘水边，气清日应嚼芳鲜。罗浮饭石性所在，定林饮涧老更坚。子其徒欤宁果然，抱琴过我亦自贤。玉徽按抑朱丝弦，借弦为舌传语言。"《次韵邵州道中》："斗折清江接暮林，堕江残月水浮金。松间有风自成曲，清坐不须重整琴。"（《石门文字禅》卷六）

黄裳（1044—1130）

黄裳，字晟仲，人称演山先生，延平（今福建南平）人，北宋词人，终年八十七岁。宋神宗熙宁四年（1071），黄裳游古堂，邀宾客赏琴。

黄裳《阅古堂记》曰："熙宁辛亥，予为萧然游读书阅古堂……然邀嘉宾列，侍人琴、瑟、笙、竽奏乎。"（《演山集》卷十七）

宋徽宗政和五年（1115），设经局，敕道士校定，送福州闽县，由郡守黄裳役工镂板。

黄裳作有《琴轩记》一文，曰："昔予开轩于林下，以琴名轩，琴不在焉。以琴为心而忘其器者也，琴之为乐，简而清易，而和意真，而明感人也。"（《演山集》）

黄裳著有《演山集》，收录的琴文《琴轩记》体现其道家思想，《琴轩》（并序）："声音求我皆邪道，有琴可听非深造。无弦弦上声无声，世间此曲今何人。"《演山集》收录的黄裳所作的琴诗还有《听隐士琴》："急声如飞泉，泻泻秋云边。巧声如流莺，历历春风前。"《留题琴轩》："声色方争高，耳目及中乱。古意始兴怀，曲终情已换。"《听隐士琴》："心手相忘到混成，又非湘瑟与秦筝。秋来独坐水边石，古往谁知弦上声。"

赵佶（1082—1135）

宋徽宗赵佶，号宣和主人，宋朝第八位皇帝，书画家，爱好音乐和艺术。北宋皇帝中除了宋太宗对琴格外偏爱，还有就是宋徽宗赵佶嗜琴。宋徽宗对音乐方面的贡献，除了大晟乐，就是古琴了。

宋徽宗善弹琴，作有琴诗，热衷收集南北名琴，在宣和内设"万琴堂"，其中有石琴一张，其诗中有所记载。赵佶《宫词》（其一）："晓景熙熙竹影疏，柔闲初理薄妆余。心情酷爱清虚乐，琴阮相兼一几书。"《宫词》（其八十八）："燕馆余闲玉漏沉，华容芳质尽知音。不将箫瑟为贪靡，竞鼓瑶徽数弄琴。"《宫词》（其八十三）："石琴应自伏羲传，品弄尤知逸韵全。玉轸金徽重遗制，雷张诚贵擅名先。"

政和二年（1112）四月初八日，宋徽宗宴请蔡京于内苑太清楼，时嫔女鼓琴玩舞。

《九朝编年备要》卷二十八：壬辰政和二年夏四月，燕蔡京内苑……又出嫔女鼓琴玩舞，劝以琉璃、玛瑙、白玉之杯……笙竽、琵琶、箜篌、方响、筝、箫登陛合奏，宫娥妙舞。上又曰："可起观。"群臣凭栏以观，又命宫娥抚琴擘阮。已而群臣皆尽醉。（另见《续资治通鉴长编拾补》卷三十一。）

贺铸（1052—1125）

贺铸，字方回，自号庆湖遗老，出生于卫州（今河南省卫辉市）。北宋词人，出身贵族，能诗文，尤长于词。其词内容、风格较为丰富多样，兼有豪放、婉约二派之长，用韵特严，富有节奏感和音乐美。部分描绘春花秋月之作，意境高旷，语言清丽哀婉。其爱国忧时之作，悲壮激昂。其所作词中，有一部分内容与弹琴有关。

宋神宗元丰六年（1083）十二月十日，贺铸赋诗《飞鸿亭》，记述该年九月彭城南禅佛祠内飞鸿亭落成，僧人弹琴吟诗饮酒庆祝的情形。

贺铸《飞鸿亭》：癸亥秋九月，太守河南王公说命僧起亭冠焉。亭成，置酒以落之，而未得嘉名以称也。时天晴木落，旅雁南下，复有声琴于坐者，公偶诵嵇叔夜"目送飞鸿，手拊五弦"之诗，因以飞鸿榜之。（《庆湖遗老诗集》卷二）

宋哲宗元祐元年（1086）二月，贺铸作《同毕绍寓泊永城招李深昆仲》，写下了"从来嵇阮耽琴酒，况得机云好弟昆"的诗句。（《庆湖遗老诗集》卷六）

该年闰二月，贺铸作《将发永城留题李斋壁》，写下了"东道琴樽能惜夜，西园花絮欲伤春"的诗句。（《庆湖遗老诗集》卷六）

宋哲宗元祐二年（1087）二月，贺铸作《游雍丘燕溪分韵作》，写下了"舍辔步平陆，解襟俯清池。微风度修竹，瑟瑟生沦漪"的诗句。（《庆湖遗老诗集》卷三）

宋哲宗元祐三年（1088）三月，贺铸作《春怀有寄代同行

作》，写下"未应一笑为千金，且解樽前绿绮琴"的诗句。

贺铸《春怀有寄代同行作》（戊辰三月金陵赋）：未应一笑为千金，且解樽前绿绮琴。归雁不将书北去，行云长伴日西沉。楚兰径远飞黄蝶，湘水帘空对绿阴。无复赏心酬节物，断肠翻咏白头吟。（《庆湖遗老诗集》卷六）

同年七月十六，贺铸作《晓渡黄叶岭东谷怀寄金陵王居士闲叟》，写下"乳溪逗绿筱，琴筑声泠泠"的诗句。

贺铸《晓度黄叶岭东谷怀寄金陵王居士闲叟》（在乌江之北八十里，戊辰七月十六日，自宝泉慧日寺之茅塘邨路由此。）：阴谷不寓暑，风松朝露零。乳溪逗绿筱，琴筑声泠泠。老石渍金碧，窅然沈列星。酌此石上泉，饵彼松下苓。（《庆湖遗老诗集》卷三）

宋哲宗元祐五年（1090）七月，贺铸作《广四愁寄李譔》，通过与古琴有关的典故寄托愁思。见《庆湖遗老诗集》卷一：……绿琴在荐兮，拟楚奏之沈湘。朱弦湿露兮，声戾指而不扬。屏琴浩歌兮，屑涕泗之浪浪。我有所思兮，在河之阳。

宋哲宗元祐七年（1092），京师二图中，有一幅图为鸣琴召鹤图。

贺铸《题画卷后六言二首》（元祐壬申，京师为宗室令𬤇文焕赋。后八年，文焕物故，二图为他人有，复见此诗，录之。）：结茅百尺荒台，杖藜一径莓苔。谢绝鸡群老鹤，不应端为琴来。（《庆湖遗老诗集》卷八）

宋哲宗元祐九年（1094）五月，贺铸作《题海陵开元寺栖云庵》，写下"支离病居士，和以无弦琴"的诗句。（《庆湖遗老诗集》卷四）

宋哲宗绍圣三年（1096）十二月，贺铸作《送武庠归隐终南》，送友人携琴归隐。

《送武庠归隐终南》：……一官换得今是翁，昔何所缚今谁解。携琴领鹤白云乡，身世相辽自两忘。北窗仰枕安足道，未

知何者为羲皇……(《庆湖遗老诗集》卷一)

同年，贺铸编《庆湖遗老前集》9卷。

宋徽宗崇宁四年（1105）冬，李之仪遇故人贺铸，唱和词调《小重山》。

其 他

李成（919—967），字咸熙，原籍长安（今陕西西安），为五代北宋时期画家，他与儿子李觉皆善弹琴。（《事实类苑》卷五十一）

李昉（925—996），字明远，五代至北宋初年名相、文学家。后汉乾祐年间（948）进士，宋初为中书舍人，宋太宗时任参知政事等。他与徐铉、宋白等一起编纂的《太平广记》是古代第一部文言纪实小说总集，共500卷，目录10卷，取材于汉代至宋初的纪实故事及道经、释藏等为主的杂著，属于类书，其中收录少量关于宋代古琴内容的史料。李昉作有《更述荒芜自咏闲适》："满架诗书满炷香，琴棋为乐是寻常。诚知老去唯宜静，自笑闲中亦有忙。"诗句体现了李昉对与琴棋为乐的闲适安静的田园生活的追求。

陈抟（871—989），北宋著名的道家学者，尊奉黄老之学。他一生长年隐居，以山水琴诗为乐。陈抟作为宋代初期的隐士，其《归隐》一诗曰："十年踪迹走红尘，回首青山入梦频……携取琴书归旧隐，野花啼鸟一般春。"

田锡（940—1004），字表圣，北宋初年政治家、文学家，一生经太祖、太宗、真宗三朝，于太宗太平兴国三年（978）中进士。田锡《翰林书画琴阮医药等待诏加恩》曰："敕：籍田之礼久废，今朕行之。庆泽之恩既普，与众同之。某等技艺精通，履行纯谨，各奉禁林之职，夙彰艺圃之名。覃恩既洽于涵濡，祗宠勿忘于惕励。"（《咸平集》卷二十九）知制诰为官名，即指翰林学士，此为宋太宗朝翰林院琴待诏制度。宋代初期，对于

技艺精湛、品德淳良的琴待诏，帝王亦会给予一定的加恩。田锡所作《拟古》一诗谈及古琴的制作材质、斫琴方法、谱调、琴乐的功能、琴音的象征等问题。《拟古》："斫为绿绮琴，古人贞金刀。所制有法象，不敢差厘毫。重详旧谱录，试抚观均调。"

吴淑（947—1002），字正仪，润州丹阳人。善书，擅长水墨，对古籀书法研究精深，且喜欢考古，亦有建树。吴淑曾作诗赋颂扬宋太宗作九弦琴，太宗赏其优博。关于古琴，吴淑另作有《琴赋》一篇。（《事类赋》卷十一）

夏侯峤（953—1004），字峻极，祖籍幽州，后搬迁至济州巨野。幼时好学，弱冠以辞赋著称。平时喜欢学道，留意养身。景德元年卒。夏侯峤善鼓琴，好读庄、老书，淳谨无过。（《宋史》卷二百九十二，列传第五十一）

李宗谔（964—1012），字昌武，深州饶阳人，李昉之子。宗谔工隶书，为西昆体诗人之一。李宗谔在朝中曾多次主持雅乐事宜及乐器修订工作。宋真宗景德三年（1006）八月四日，李宗谔乐器修成，宋真宗于崇政殿召大臣观阅太常新修集雅乐。其中，琴、阮、笙、箫等乐器各二类合奏。宋真宗御崇政殿阅试新修定宫悬乐器，召宰执、亲王前来观阅，判太常寺李宗谔主持，执乐谱立侍。当时，雅乐乐器中，明确有七弦琴及九弦琴。目前所见共有六部典籍记载了此条史料内容，以李焘《长编》为最早，从李宗谔修补雅乐器的景德二年八月到宋真宗阅试新雅乐的景德三年八月，历时整整一年。这应是真宗朝为数不多的比较大型的雅乐修订活动，主要集中在校定钟、磬等乐器的音律，同时将文、武二舞等雅乐乐舞、乐曲进行具体而细致化的整理编排，并且淘汰技艺不精湛的乐工，提高乐工演奏乐器、表演乐舞的水平。此次李宗谔对雅乐的规范、整理及修订工作受到当时宋真宗与朝臣们的肯定和赞许，一定程度上改变了这一时期雅乐混乱不堪的局面。可见，雅乐器中九弦琴的应用是该朝对宋太宗朝的继承和发展。

李宗谔在自己闲暇之时也常常弹琴自乐,作琴诗《清风》《咏华林书院》,有"天高初起籁,松澹更宜琴""客恋琴樽乐,僧依水石清"等诗句。

种放(955—1015),字明逸,号云溪醉侯,河南洛阳人,父种诩,宋吏部令史,后调补长安主簿。种放七岁能写文章,精于易学,不应科举。父亡随母亲隐居终南山,讲学为生。种放屡次推辞做官,曾巩曰种放"常幅巾短褐携琴酒坐盘石以自适"。(《隆平集》卷十三)

张咏(946—1015),字复之,号乖崖,谥号忠定,濮州鄄城(今山东鄄城)人。诗文俱佳,为宋太宗、真宗两朝的名臣,尤以治蜀著称。王禹偁作有《送张咏序》,曰其"堂有鸣琴,足以振穆若之风;樽有醇醪,足以养浩然之气"。(《小畜集》卷十九)

张秉(952—1016),字孟节,歙州新安(今安徽歙县)人。太宗太平兴国五年(980)进士,真宗即位,除左谏议大夫。张秉《清风十韵》诗中有"仙驭归堪待,琴松韵更真"的诗句。

夏竦(985—1051),字子乔。江州德安(今属江西)人。北宋大臣、古文字学家。其《文庄集》(卷三十二、三十四)中收录有两首琴诗《赠逸人》《秋日江馆喜弹琴羽人至》。

吴中复(约1011—1078),字仲庶,兴国永兴(今属湖北阳新)人,北宋官员。宋仁宗宝元元年(1038)进士。吴中复《西园十咏·琴坛》认为,弹琴追求的是一种意境、一种心境。

邵雍(1011—1077),字尧夫,北宋理学家、诗人。《伊川击壤集》收录邵雍琴诗14首。如《古琴吟》《黄金吟》等

李觏(1009—1059),字泰伯,号盱江先生,建昌军南城(今江西抚州资溪县高阜镇)人,北宋思想家、哲学家、教育家,曾由范仲淹荐为太学助教,后为直讲。李觏家于盱江边,创办了盱江书院。他著有《盱江文集》,收录几首琴诗,如《听周大师琴》《葛陂逢何道士》《谢知县徐殿丞示及新诗》,有"已

解琴中意,更加弦上声。他人郑卫杂,此手鬼神惊"的诗句。

石介(1005—1045),字守道,一字公操,兖州奉符(今山东省泰安市岱岳区徂徕镇桥沟村)人。北宋初期学者、思想家,宋代理学的先驱。石介《徂徕集》收录两首琴诗,其中《诏罢县令举》一诗谈到对古琴的理解,《赴任嘉州嘉陵江泛舟》中写到他闲暇之时弹琴的情形。(《徂徕集》卷二、卷三)

强至(1022—1076),字几圣,杭州人。其子强浚明收集其遗文,编《祠部集》。该文集收录强至几首琴诗,如《和叔以琴诗见贻因成一篇奉答》:"正声希世出,群耳此时聋。徽暗列星隐,意存流水空。"

北宋有很多僧人善弹琴,《全宋诗》收录作有琴诗的琴僧有38位,分别是:释遵式、释子淳、释重显、释智圆、释正觉、释云岫、释云贲、释永颐、释印肃、释行海、释心月、释文兆、释文珦、释惟一、释惟凤、释思雅、释斯植、释师范、释绍昙、释绍嵩、释善珍、释普宁、释普度、释可湘、释鉴、释简长、释慧性、释慧光、释惠崇、释法泰、释法辉、释道宁、释道济、释道璨、释达观、释楚峦、释宝昙。这些琴僧的诗歌中,多处提到无弦琴,这是宋代僧人对琴的理解特点之一,追求一种无为之"道"的境界,体现了禅文化与琴的关系。例如,释道宁《偈六十九首》:"没弦琴韵,罕遇知音。无影林中,难寻足迹。同声同气,方辨端倪。不是当家,徒劳侧耳。"《偈六十三首》:"有时爱抚没弦琴,有时善宣无量义。"释慧光《颂古》:"一吹无孔笛,一抚没弦琴。一曲两曲无人会,雨过夜塘秋水深。"

郭祥正(1035—1113),字功父,当涂(今属安徽)人,北宋诗人。著有《青山集》30卷,收录其25首琴诗,如《赠历溪张居士》《山居绝句·夏》等,有"三叠琴心调夜月,一杯茗酌送春风"的诗句。

王令(1032—1059),初字钟美,字逢原,北宋诗人,原籍元城(今河北大名)。王令有治国安民之志,王安石对他的文章

和为人皆甚推重。王令与王安石交游颇多，两人结为知己。王令曾作《岁暮呈王介甫平甫》，弹琴思念这位友人："喜色开南信，悲怀动北琴。"（《广陵集》卷十八）王令在《广陵集》中作有《故屯田郎中张公夫人许氏墓志铭》一文，记载了宋代一位女性琴人许氏，其身份为一名士大夫官员的夫人，该文记述许氏"通于诗，乐于琴"。（《广陵集》卷九十七）

王珪（1019—1085），字禹玉，北宋名相、著名文学家。他作有琴诗《池亭月下独坐》《和公仪送白鹇于永叔》，有"清风楼古琴三尺，玉蕊花飞酒几缸"的句子。

曾巩（1019—1083），字子固，建昌军南丰（今江西省南丰县）人，北宋散文家、史学家、政治家，著有《元丰类稿》，该文集收录曾巩与琴相关的诗文16篇，如《相国寺维摩院听琴序》《赠弹琴者》等，有"至音淡薄谁曾赏，古意飘零自可怜"的诗句。

陈襄（1017—1080），字述古，号古灵先生，侯官（今福建福州）人，北宋理学家，仁宗、神宗时期名臣。其人公正廉明，识人善荐，著有《古灵集》二十五卷传世。《古灵集》收录陈襄所作《古琴赋》一文。

王安石（1021—1086），字介甫，临川（今江西抚州市临川区）人，北宋著名思想家、政治家、文学家。著有《临川文集》，收录王安石琴诗16首，如《孤桐》《朝日一曝背》。

沈括（1031—1095），字存中，号梦溪丈人，浙江杭州钱塘县人，北宋政治家、科学家。嘉祐八年（1063）进士及第。沈括《梦溪笔谈》探讨了对琴的中声的理解和运用，对古琴各方面都有很深的研究。沈括的堂兄沈振也有藏琴。（《渑水燕谈录》卷八）

程颢（1032—1085），字伯淳，北宋哲学家、教育家、诗人，理学的奠基者，为程颐的胞兄。程颐（1033—1107），字正叔，洛阳伊川（今河南洛阳伊川县）人，世称伊川先生，北宋

理学家和教育家。《二程遗书》是程颢、程颐的弟子记载二程平时言行的书,其中不乏二人关于琴的言论:"弹琴,心不在便不成声,所以谓琴者禁也,禁人之邪心。舞蹈本要长袖,欲以舒其性情。"(《二程遗书》卷三)

朱长文(1039—1098),字伯原,号乐圃、潜溪隐夫,苏州吴人(今属江苏)。居家20年,著书阅古,筑藏书楼乐圃坊,藏书2万余卷,闻名于京师。著有《琴史》《吴郡图经续集》《琴台记》《乐圃余稿》《乐圃集》等。朱长文《琴史》一书是中国古代音乐史上第一部专题史,对于中国古代古琴及音乐史的研究意义重大、影响深远。

潘兴嗣(约1023—1100),字延之,自号清逸居士,南昌新建(一说洪州)人,北宋隐士。幼承庭训,通经史,著有《西山文集》。郭祥正《青山集》中记载潘延之"买田筑室临西山,时来石上横琴弹"。(卷十《西山谣寄潘延之先生》)

赵令畤(1051—1134),字景贶,自号聊复翁,北宋末南宋初词人。宋太祖次子燕王德昭之后。他著有《侯鲭录》八卷,收录琴文数篇。

张举(?—1105),字子厚,毗陵(今江苏常州)人。徽宗崇宁四年卒,赐谥正素先生,《宋史》卷四五八有传。叶梦得《岩下放言》卷中曰其"家藏书数万卷,善琴棋"。

吴则礼(?—1121),字子副,号北湖居士,兴国永兴(今湖北阳新)人。他的《北湖集》收录琴诗三首。《无著复欲去再作此留之》《赠江贯道》,有"弹琴几时鬓毛脱,端是天教个中活"的诗句。

李邴(1085—1146),字汉老,号龙龛居士,济州任城人。崇宁五年举进士第,累迁翰林学士。闲居十七年,卒于泉州。作有琴诗《琴泉轩次韵》。(《宋诗纪事》卷三十六)

宇文虚中(1079—1146),初名宇文黄中,字叔通,别号龙溪居士,成都府广都(今成都双流)人,宋朝爱国大臣、诗人。

宋徽宗赐其名为"虚中"。宋代李新在《上宇文修撰书》一文中讲到宇文虚中好琴。（李新《跨鳌集》卷二十三，清文渊阁四库全书本）。金人元好问《中州集》中收录宇文虚中所作几首琴诗，如《从人借琴》《乌夜啼》，有"汝琴莫作归凤鸣，汝曲莫裁白鹤怨"等诗句。

李弥逊（1089—1153），字似之，号筠西翁、筠溪居士，吴县（今属江苏苏州）人，宋朝诗人、词人。其作品多抒写乱世时的感慨，风格豪放，有《筠溪集》。该文集收录其琴诗文16首（篇）。

叶梦得（1077—1148），字少蕴，苏州吴县（今属江苏苏州）人，北宋末至南宋初期词人。绍圣四年（1097）登进士第，晚年隐居湖州弁山玲珑山石林，故号石林居士，所著诗文多以石林为名，如《石林燕语》《石林词》《石林诗话》等。他的《建康集》《石林词》《避暑录话》收录琴诗、词8首。大观年间末（约1110年），叶梦得过泗州，与崔闲游南山，听其弹琴。崔闲善琴，于泉边鼓琴，终日不倦，琴声与泉声相应，堪称天籁。他为叶梦得弹奏琴曲三十余首，并邀叶梦得作词，梦得欣然答应。崔闲便教其一曲，因琴曲只有指法而没有琴谱，加之之后疏于练习，叶梦得忘记如何弹奏。见到崔闲时的叶梦得三十三岁，他小时也曾向信州道士吴自然学琴，其诗词风格虽深受苏轼的影响，但并不能如苏轼填词可"顷刻而就"。他虽应崔闲之请，却未能立即满足崔闲的愿望。后来，叶梦得得到一首琴曲《招隐》，稍做修改以完成崔闲作词之愿。另外，崔闲还写有琴诗《颂》。

王得臣（1036—1116），字彦辅，安州安陆（今湖北安陆）人，北宋学者。《麈史》是王得臣晚年所整理的笔记，涉及范围很广。《麈史》记载，令狐揆（生卒年不详，字子先，湖北安陆人，北宋文学家）任满回乡后，居于涢溪之南，常弹琴著书自得。时冒积雪入城至张君房家借书，小童携书簏负琴以随。友人林希逸善绘画，以此故事绘成《令狐揆雪中渡涢溪图》相赠。令狐揆著有《琴谱》等。

成玉磵，生平不详，其活动年代大体在北宋政和年间（1111—1118）。政和年间（约），成玉磵评京师、两浙、江西三琴派音乐风格，并对古琴指法进行研究。《琴书大全》还收录有成玉磵指法，其中右手指法二十九种，左手三十六种。北宋中后期，减字谱日趋成熟。这个时期减字谱以北宋哲宗、徽宗年间琴家成玉磵的指法为代表。

程俱（1078—1144），字致道，号北山，衢州开化（今属浙江）人，北宋官员、诗人。诗多五言古诗，风格清劲古淡，有《北山小集》，收录其琴诗文5篇（首）。

周邦彦（1056—1121），字美成，号清真居士，钱塘（今浙江杭州）人，北宋著名词人。徽宗时提举大晟府。周邦彦精通音律，曾创作不少新词调，有"润逼琴丝，寒侵枕障，虫网吹黏帘竹"的词句。

王洋（1087—1154），字符渤，山东山阳人，宋代诗人。其子王易祖辑其文为《东牟集》三十卷，其中收录其所作16首（篇）琴诗文。有"后生欲听清商曲，莫学无弦只抚琴"等诗句。

陈与义（1090—1138），字去非，号简斋，河南洛阳人，南北宋之交的著名诗人，也是南宋朝廷重臣，给后世留下不少忧国忧民的爱国诗篇。著有《简斋集》，收录《汝州吴学士观我斋分韵得真字》一诗，描述斋中有琴酒。陈与义还作有《松棚》，有"黯黯当窗云不驱，不教风日到琴书"等诗句。

喻汝砺，字迪儒，号三嵎，眉州（今四川省眉山市）人，政和五年（1115）进士，官礼部员外郎，直秘阁学士。作有《游琴台》一诗。

张继先（1092—1127），字嘉闻，号翛然子，北宋末道士。《全宋诗》收录其琴诗《琴斋乃予旧居以琴名斋吾为之也项先生与诸生》《听元规琴》二首。

张邦基,生卒年不详,他在所著的《墨庄漫录》卷九写道:"琴、阮,皆乐之雅者也。琴则人多能之,而艺精者亦众,至阮则人罕有造其妙者。中都盛时,有醴泉观道士王庆之颇有此乐……予在京师皆尝听之。"根据史料中"予在京师"推断此条史料内容是发生在北宋,北宋时史料称呼宋为"京师",作者明确说了他自己在京师的时候听琵琶。又据"中都盛时",说明作者写这篇文章时,中都已不再处于盛世,已进入南宋时期。故推测张邦基为北宋末南宋初时人。

李处权,字巽伯,溧阳人,生卒年均不详,约北宋末在世。《崧庵集》收录李处权琴诗20首,如《月夜鼓琴》《次韵叔羽听琴诗》。

陈旸(1064—1128),字晋之,宋朝时期闽清县人。除了著有《乐书》,陈旸还作有《琴声经纬》等琴学著述。

王庭珪(1079—1171),字民瞻,隐居卢溪,自号泸溪老人,吉州安福(今属江西)人,宋代诗人。靖康之变后他表现出对国家忧患和民生疾苦的极大关注,有着强烈的爱国情感,诗文词创作都取得了较高成就。著有《卢溪文集》,收录他所作16首琴诗。这些诗文体现出王庭珪对古琴有着非常深入的体悟和理解,他常与友人、僧人一起弹琴、听琴,所弹琴曲曲目有《桃园春晓》等,并对斫琴、琴材、琴铭等感兴趣。王庭珪在琴诗中,多次提到琴僧惠端。

附 录

宋代文人文集中的琴诗（文）篇目统计表（10篇及以上者）

时代	作 者	生卒年	琴诗（文）数目	文集名称
北宋	赵炅（宋太宗）	939—997	11	《全宋诗》
	赵湘	959—993	16	《南阳集》
	王禹偁	954—1001	36	《小畜集》
	魏野	960—1019	32	《东观集》
	林逋	967—1028	18	《林和靖集》
	杨亿	974—1020	19	《西昆酬唱集》《武夷新集》
	释智圆	976—1022	11	《全宋诗》
	释宝昙	不详	12	《全宋诗》
	范仲淹	989—1052	28	《范文正集》
	宋庠	996—1066	27	《元宪集》
	宋祁	998—1061	26	《景文集》
	梅尧臣	1002—1060	55	《宛陵集》
	欧阳修	1007—1072	62	《文忠集》
	赵抃	1008—1084	40	《清献集》
	韩琦	1008—1075	16	《安阳集》

续　表

时　代	作　者	生卒年	琴诗（文）数目	文集名称
北宋	邵雍	1011—1077	14	《击壤集》
	文同	1018—1079	22	《丹渊集》
	司马光	1019—1086	20	《传家集》
	曾巩	1019—1083	16	《元丰类稿》
	刘敞	1019—1068	32	《公是集》
	王安石	1021—1086	16	《王临川集》
	刘攽	1023—1089	13	《彭城集》
	王令	1032—1059	13	《广陵集》
	郭祥正	1036—1113	25	《青山集》
	苏轼	1037—1101	121	《东坡全集》《苏诗补注》
	苏辙	1039—1112	19	《栾城集》
	黄裳	1044—1130	12	《演山集》
	黄庭坚	1045—1105	70	《山谷集》
	秦观	1049—1100	12	《淮海集》
	陈师道	1053—1102	10	《后山集》《后山诗话》
	晁补之	1153—1110	16	《鸡肋集》
	张耒	1054—1114	28	《柯山集》
	晁说之	1059—1129	16	《景迂生集》
	释惠洪	1071—1128	22	《石门文字禅》

参考文献

[1] 柳开.河东集[M].景印文渊阁四库全书本,第1085册.台北:台湾商务印书馆,1998:237.

[2] 沈括.梦溪笔谈·补笔谈[M].景印文渊阁四库全书本,第862册.台北:台湾商务印书馆,1998:858.

[3] 田锡.咸平集[M].景印文渊阁四库全书本,第1085册.台北:台湾商务印书馆,1998:353.

[4] 范仲淹.范文正集[M].景印文渊阁四库全书本,第1089册.台北:台湾商务印书馆,1998:551.

[5] 王禹偁.小畜集[M].景印文渊阁四库全书本,第1086册.台北:台湾商务印书馆,1998:1.

[6] 赵湘.南阳集[M].景印文渊阁四库全书本,第1086册.台北:台湾商务印书馆,1998:303.

[7] 魏野.东观集[M].景印文渊阁四库全书本,第1087册.台北:台湾商务印书馆,1998:349.

[8] 宋庠.元宪集[M].景印文渊阁四库全书本,第1087册.台北:台湾商务印书馆,1998:401.

[9] 吴淑.事类赋[M].景印文渊阁四库全书本,第892册.台北:台湾商务印书馆,1998:799.

[10] 梅尧臣.宛陵集[M].景印文渊阁四库全书本,第1099册.台北:台湾商务印书馆,1998:1.

[11] 释文珦.潜山集[M].景印文渊阁四库全书本,第1186册.台北:台湾商务印书馆,1998:293.

[12] 赵抃.清献集[M].景印文渊阁四库全书本,第1094册.台北:台湾商务印书馆,1998:739.

[13] 韩琦.安阳集[M].景印文渊阁四库全书本,第1089册.台北:台湾商务印书馆,1998:215.

[14] 王辟之.渑水燕谈录[M].景印文渊阁四库全书本,第1036册.台北:台湾商务印书馆,1998:469.

[15] 林逋.林和靖集[M].景印文渊阁四库全书本,第1086册.台北:台湾商务印书馆,1998:615.

[16] 杨亿.西昆酬唱集[M].景印文渊阁四库全书本,第1344册.台北:台湾商务印书馆,1998:487.

[17] 晁说之.景迂生集[M].景印文渊阁四库全书本,第1118册.台北:台湾商务印书馆,1998:1.

[18] 曾巩.隆平集[M].景印文渊阁四库全书本,第371册.台北:台湾商务印书馆,1998:1.

[19] 文同.丹渊集[M].景印文渊阁四库全书本,第1096册.台北:台湾商务印书馆,1998:553.

[20] 司马光.传家集[M].景印文渊阁四库全书本,第1094册.台北:台湾商务印书馆,1998:1.

[21] 王安石.临川文集[M].景印文渊阁四库全书本,第1105册.台北:台湾商务印书馆,1998:1.

[22] 刘攽.彭城集[M].景印文渊阁四库全书本,第1096册.台北:台湾商务印书馆,1998:1.

[23] 欧阳修.文忠集[M].景印文渊阁四库全书本,第1102册.台北:台湾商务印书馆,1998:1.

[24] 释文莹.湘山野录[M].景印文渊阁四库全书本,第1037册.台北:台湾商务印书馆,1998:225.

[25] 宋祁.景文集[M].景印文渊阁四库全书本,第1088册.台北:

台湾商务印书馆，1998：1.

[26] 郭祥正.青山集[M].景印文渊阁四库全书本，第1116册.台北：台湾商务印书馆，1998：571.

[27] 李觏.旴江集[M].景印文渊阁四库全书本，第1095册.台北：台湾商务印书馆，1998：1.

[28] 晁补之.鸡肋集[M].景印文渊阁四库全书本，第1118册.台北：台湾商务印书馆，1998：407.

[29] 苏轼.苏诗补注[M].查慎行，补注.景印文渊阁四库全书本，第1111册.台北：台湾商务印书馆，1998：1.

[30] 刘敞.公是集[M].景印文渊阁四库全书本，第1095册.台北：台湾商务印书馆，1998：401.

[31] 刘攽.中山诗话[M].景印文渊阁四库全书本，第1478册.台北：台湾商务印书馆，1998：265.

[32] 张耒.柯山集[M].景印文渊阁四库全书本，第1115册.台北：台湾商务印书馆，1998：1.

[33] 苏轼.东坡全集[M].景印文渊阁四库全书本，第1107册.台北：台湾商务印书馆，1998：1.

[34] 苏辙.栾城集[M].景印文渊阁四库全书本，第1112册.台北：台湾商务印书馆，1998：1.

[35] 王令.广陵集[M].景印文渊阁四库全书本，第1106册.台北：台湾商务印书馆，1998：393.

[36] 黄裳.演山集[M].景印文渊阁四库全书本，第1120册.台北：台湾商务印书馆，1998：1.

[37] 王珪.华阳集[M].景印文渊阁四库全书本，第1093册.台北：台湾商务印书馆，1998：1.

[38] 黄庭坚.山谷集[M].景印文渊阁四库全书本，第1113册.台北：台湾商务印书馆，1998：1.

[39] 黄庭坚. 山谷别集 [M]. 景印文渊阁四库全书本，第 1113 册. 台北：台湾商务印书馆，1998：539.

[40] 黄庭坚. 山谷词 [M]. 景印文渊阁四库全书本，第 1487 册. 台北：台湾商务印书馆，1998：151.

[41] 黄䱩. 山谷年谱 [M]. 景印文渊阁四库全书本，第 1113 册. 台北：台湾商务印书馆，1998：819.

[42] 杨杰. 无为集 [M]. 景印文渊阁四库全书本，第 1099 册. 台北：台湾商务印书馆，1998：679.

[43] 欧阳修. 集古录 [M]. 景印文渊阁四库全书本，第 681 册. 台北：台湾商务印书馆，1998：1.

[44] 杨万里. 诚斋集 [M]. 景印文渊阁四库全书本，第 1160 册. 台北：台湾商务印书馆，1998：1.

[45] 晁迥. 昭德新编 [M]. 景印文渊阁四库全书本，第 849 册. 台北：台湾商务印书馆，1998：253.

[46] 周文璞. 方泉诗集 [M]. 景印文渊阁四库全书本，第 1175 册. 台北：台湾商务印书馆，1998：1.

[47] 夏竦. 文庄集 [M]. 景印文渊阁四库全书本，第 1087 册. 台北：台湾商务印书馆，1998：45.

[48] 释重显. 祖英集 [M]. 景印文渊阁四库全书本，第 1091 册. 台北：台湾商务印书馆，1998：641.

[49] 李处权. 崧庵集 [M]. 景印文渊阁四库全书本，第 1135 册. 台北：台湾商务印书馆，1998：577.

[50] 欧阳修. 六一诗话 [M]. 景印文渊阁四库全书本，第 1478 册. 台北：台湾商务印书馆，1998：247.

[51] 陈文蔚. 克斋集 [M]. 景印文渊阁四库全书本，第 1171 册. 台北：台湾商务印书馆，1998：1.

[52] 释惠洪. 石门文字禅 [M]. 景印文渊阁四库全书本，第 1116 册. 台

北：台湾商务印书馆，1998：143.

[53] 陈师道.后山集[M].景印文渊阁四库全书本，第1114册.台北：台湾商务印书馆，1998：511.

[54] 张邦基.墨庄漫录[M].景印文渊阁四库全书本，第864册.台北：台湾商务印书馆，1998：1.

[55] 周敦颐.周元公集[M].景印文渊阁四库全书本，第1101册.台北：台湾商务印书馆，1998：415.

[56] 贺铸.庆湖遗老诗集[M].景印文渊阁四库全书本，第1122册.台北：台湾商务印书馆，1998：193.

[57] 朱子.二程遗书[M].景印文渊阁四库全书本，第698册.台北：台湾商务印书馆，1998：1.

[58] 米芾.宝晋英光集[M].景印文渊阁四库全书本，第1116册.台北：台湾商务印书馆，1998：91.

[59] 米芾.画史[M].景印文渊阁四库全书本，第813册.台北：台湾商务印书馆，1998：1.

[60] 秦观.淮海集[M].景印文渊阁四库全书本，第1115册.台北：台湾商务印书馆，1998：427.

[61] 王洋.东牟集[M].景印文渊阁四库全书本，第1132册.台北：台湾商务印书馆，1998：297.

[62] 李廌.济南集[M].景印文渊阁四库全书本，第1115册.台北：台湾商务印书馆，1998：701.

[63] 黄公度.知稼翁集[M].景印文渊阁四库全书本，第1139册.台北：台湾商务印书馆，1998：541.

[64] 李之仪.姑溪居士集[M].景印文渊阁四库全书本，第1120册.台北：台湾商务印书馆，1998：391.

[65] 苏轼.苏轼文集[M].孔凡礼，注.北京：中华书局，1986.：106

[66] 杨杰.无为集校笺[M].合肥：黄山书社，2014：11.

[67] 黄庭坚.黄庭坚诗集注[M].任渊,史容,史季温,注.北京:中华书局,2003:113.

[68] 北京大学古文献研究所.全宋诗[M].北京:北京大学出版社,1991—1999:245.

[69] 四川大学古籍整理研究所.全宋文[M].成都:巴蜀书社,1991—2001:112.

[70] 中央音乐学院中国音乐研究所,北京古琴研究会.历代琴人传[M].北京:北京古琴研究会,1965:12.

[71] 朱长文,林晨.琴史[M].北京:中华书局,2010:45.

[72] 许健.琴史初编[M].北京:人民音乐出版社,1982:98.

[73] 章华英.宋代古琴音乐研究[M].北京:中华书局,2013:18.

[74] 张斌.宋代古琴文化考论[M].南京:南京大学出版社,2014:65.

[75] 杨荫浏,阴法鲁.宋姜白石创作歌曲研究[M].北京:人民音乐出版社,1957:79.

[76] 苗建华.古琴美学思想研究[M].上海:上海音乐学院出版社,2006:88.

[77] 章华英.宋代蜀地琴人琴事述考[J].音乐探索,2014(4):30-44.

[78] 任超平.淡和之美——欧阳修中期音乐美学思想研究[J].乐府新声(沈阳音乐学院学报),2010(3):76-83.

[79] 刘笑岩.古琴音乐与宋代"士群体"的人格精神[J].西华师范大学学报(哲学社会科学版),2010(1):101—104.

[80] 秦红梅.浅谈宋代文人艺术的审美特征[J].黄河之声,2008(2):84.

[81] 陈四海.论苏轼与古琴艺术——兼论其音乐美学思想[J].文艺研究,2002(2):96-99.

[82] 郑珉中.两宋古琴浅析[J].故宫博物院院刊，1999（4）：19-35.

[83] 李凌.欧阳修的琴说[J].乐器，1999（5）：10.

[84] 池泽滋子.苏东坡与陶渊明的无弦琴——苏轼与琴之一[J].中国典籍与文化，1998（1）：36-41.

[85] 池泽滋子.琴与琴枕——苏轼与琴之二[J].中国典籍与文化，1998（2）：16-21.

[86] 戴微.江浙琴派溯流探源[D].上海：上海音乐学院，2003：35.

[87] 司冰琳.中国古代琴僧及其琴学贡献[D].北京：中国艺术研究院，2007：55.